DEUTSCHE KLASSIKER

Schritt für Schritt zum perfekten Ergebnis

essen & trinken

DEUTSCHE KLASSIKER

Schritt für Schritt zum perfekten Ergebnis

Edition
Fackelträger

Inhalt

Wie macht man eigentlich ...

Rouladen

Es gibt Dinge, die können nur Mütter. Großmütter vielleicht noch. Oder Tanten. Zuweilen kriegt's auch ein Papa hin. Bei Opa wird's schon schwieriger. Der hat's ja nie gelernt. Weil immer eine Frau im Haus war, die wusste, wie es geht: Dass man gut abgehangenes Fleisch braucht, damit Rouladen zart und mürbe werden. Dass man sie mit Speck und Gurke füllt, scharf anbrät und beim Schmoren mit Flüssigkeit bedeckt hält, damit sie saftig bleiben. Dass ein Suppenhuhn im großen Topf bei kleiner Hitze gemächlich gar zieht und das Fleisch dann wie von selbst vom Knochen fällt. Warum altbackenes Weißbrot Frikadellen aufhilft – die dann später umso besser in Form sind, wenn sie vor dem Braten zur Entspannung 15 Minuten ruhen durften. Natürlich gibt's Kartoffelsalat dazu (schwäbisch mit Vinaigrette, klassisch mit Mayo, natürlich aus festkochenden Kartoffeln), der sich zu Brathähnchen ja auch bestens macht. »e&t«-Koch Kay-Henner Menge empfiehlt hier übrigens Maishähnchen. Die füllt er mit Zwiebeln und Knoblauch und reibt sie mit Butterschmalz ein, auf dass sie goldbraun und knusprig im Ofen braten.

Bei uns kochen Männer und Frauen nämlich gleichermaßen gut. Und die Liebe zur deutschen Küche haben wir uns alle miteinander bewahrt. Damit deren Grundlagen nicht in Vergessenheit geraten, haben wir in diesem Buch ein paar ziemlich wirksame Glücklichmacher vom heimischen Herd zusammengestellt.

Anhand detaillierter Schritt-für-Schritt-Anleitungen zeigen wir, wie man Braten, Knödel, Maultaschen macht – vom Grundrezept bis zur raffinierten Neu-Interpretation.

Ein Roastbeef lässt sich mit einer Oliven-Vinaigrette, Kapern und Anchovis schließlich auch mediterran inszenieren. Oder zum Salat im Asia-Stil. Und warum das Schmalz nicht gleich mitmachen, wenn es Weihnachten wieder Gänsebraten gibt? Aus übriggebliebenem Gänsefleisch ist dann mit etwas Sherry, Thymian und gehackten Mandeln im Handumdrehen eine spanische Reispfanne gemacht.

Unsere Küche ist reich an Klassikern. Und die sind kein bisschen von gestern. Wir zeigen Ihnen, wie Ihre Lieblingsgerichte perfekt gelingen, verraten Tricks und geben wertvolle Tipps aus der täglichen Praxis.

Und, ja, wir erlauben uns auch, über den Tellerrand deutscher Standards hinauszuschauen. Mutter wäre stolz auf uns.

Guten Appetit!

Ihre »essen & trinken«-Redaktion

Wie macht man eigentlich ...

Frikadellen

GUT ZU WISSEN

Formgebung: Mit angefeuchteten Händen lassen sich die Frikadellen prima formen, ohne dass die Hackmasse an den Fingern kleben bleibt.

Kalte Pause: Wenn Sie die geformten Frikadellen 15 Minuten gekühlt ruhen lassen, „entspannen" sie sich und behalten beim Braten ihre Form.

Zwiebelprinzip: *Bevor Sie die gewürfelten Zwiebeln mit der Hackmasse vermengen, sollten Sie sie unbedingt dünsten. Sonst bleiben sie im Inneren der Frikadelle roh.*

Ofentrick: Auf einem Blech lässt sich auch eine größere Menge Frikadellen problemlos zubereiten. Einfach nacheinander in der Pfanne kurz anbraten und dann im Ofen zu Ende garen.

Vorrat auf Eis: Rohe Frikadellen lassen sich bestens einfrieren. Zum Verzehr leicht antauen lassen und dann wie gewohnt braten.

Koch-
schule

So einfach geht es Schritt für Schritt

1. Zwiebeln andünsten, danach Petersilie dazugeben.

2. Eingeweichtes Brot ausdrücken.

3. Alle Zutaten gründlich vermengen.

4. Buletten mit feuchten Händen formen.

5. Frikadellen in der Pfanne braten.

Rezept siehe Seite 10

Frikadellen

Grundrezept

Für 7 Stück
Zubereitungszeit: 1 Stunde

60 g altbackenes Weißbrot
100 ml Milch
80 g Zwiebeln
½ Bund Petersilie
5 El Öl
2 Tl Butter
500 g gemischtes Hackfleisch
1 Ei (Kl. M)
Salz
Pfeffer

1. Brot in 100 ml Wasser und der Milch 15 Minuten einweichen, dabei einmal wenden. Zwiebeln fein würfeln, Petersilienblätter abzupfen und hacken. 2 El Öl und die Butter in einer Pfanne erhitzen. Zwiebeln darin glasig dünsten, die Petersilie dazugeben. Abkühlen lassen.

2. Brot mit den Händen gut ausdrücken. Hack mit Brot, Zwiebeln, Petersilie und Ei gut vermischen, herzhaft mit Salz und Pfeffer würzen.

3. Aus der Hackmasse mit feuchten Händen 7 gleich große Frikadellen (à ca. 130 g) formen. Danach abgedeckt 15 Minuten kalt stellen.

4. Restliches Öl in einer großen ofenfesten Pfanne erhitzen. Frikadellen darin von beiden Seiten goldbraun anbraten. Dann im Ofen bei 200 Grad auf der untersten Schiene in 10 Minuten fertig garen (Gas 3, Umluft 180 Grad). Herausnehmen und am besten mit Brot und einem guten Senf sofort servieren.

Pro Stück: 15 g E, 22 g F, 5 g KH = 288 kcal (1202 kJ)

Lammfrikadellen

Für 10 Stück
Zubereitungszeit: 1 Stunde

Frikadellen
60 g altbackenes Weißbrot
½ Tl Koriandersaat
½ Tl Kreuzkümmelsaat
500 g Lammhackfleisch
1 Ei (Kl. M)
Salz
2–3 Tl Harissa
Pfeffer
3 El Öl
8 Lorbeerblätter

Gurkenjoghurt
4 Stiele Minze
300 g Joghurt
100 ml Milch
Salz
Pfeffer
½ Tl Zucker
1 Bio-Salatgurke (350 g)

1. Brot in 200 ml Wasser einweichen, dabei einmal wenden. Koriander und Kreuzkümmel in einer Pfanne ohne Fett kurz rösten, abkühlen lassen. Dann in einem Mörser fein zerstoßen. Brot mit den Händen gut ausdrücken. Lammhack, Brot, Gewürze und Ei gut vermischen. Mit Salz, Harissa und Pfeffer herzhaft würzen. Aus der Masse mit feuchten Händen 10 Frikadellen (à 70–80 g) formen. 15 Minuten abgedeckt kalt stellen.

2. Minzeblättchen abzupfen. Joghurt, Milch, Salz, Pfeffer und Zucker mit dem Schneidstab durchmixen. Gurke längs vierteln, Kerne herausschaben. Gurke in mundgerechte Stücke schneiden und zum Joghurt geben. Minze darüberzupfen.

3. Öl in einer Pfanne erhitzen. Frikadellen darin von beiden Seiten goldbraun anbraten. Lorbeerblätter dazugeben und im 200 Grad heißen Ofen auf der untersten Schiene in 10 Minuten zu Ende garen (Gas 3, Umluft 180 Grad).

4. Frikadellen aus dem Ofen nehmen und mit dem Gurkenjoghurt servieren.

Pro Portion: 12 g E, 7 g F, 6 g KH = 145 kcal (608 kJ)

Frikadellen mit Schafskäse

Für 6 Stück
Zubereitungszeit: 1 Stunde

Frikadellen
60 g altbackenes Weißbrot
½ Bund Petersilie
250 g Kalbshackfleisch
250 g Rinderhackfleisch
1 Ei (Kl. M)
½ Tl edelsüßes Paprikapulver
1 Tl fein abgeriebene Bio-Zitronenschale
Salz
Pfeffer
60 g Schafskäse
3 El Öl
3 Zweige Rosmarin

Tomatensalat
600 g Tomaten
4 Frühlingszwiebeln
4 Stiele Basilikum
6 El Olivenöl
Salz
Pfeffer

1. Brot in 200 ml Wasser 15 Minuten einweichen, einmal wenden. Petersilie abzupfen, fein hacken.

2. Brot mit den Händen ausdrücken. Hackfleisch mit Brot, Petersilie, Ei, Paprikapulver und Zitronenschale gut vermischen, mit Salz und Pfeffer herzhaft abschmecken. Schafskäse in 6 Stücke à 10 g schneiden. Hackmasse in 6 Portionen teilen. Jede Portion mit feuchten Händen flach drücken, Schafskäsestück hinein-, Hack darüberlegen, zu Frikadellen formen. Abgedeckt 15 Minuten kalt stellen.

3. Für den Salat Tomaten waschen, halbieren, Stielansatz entfernen, Tomaten grob zerschneiden. Frühlingszwiebeln putzen, das Weiße und Hellgrüne fein schneiden. Basilikumblätter abzupfen. Tomaten mit Frühlingszwiebeln, Olivenöl, Pfeffer, Salz, Basilikum mischen, in einer Schüssel anrichten.

4. Öl in einer ofenfesten Pfanne erhitzen. Frikadellen goldbraun anbraten. Rosmarin dazugeben, im vorgeheizten Ofen bei 200 Grad auf der untersten Schiene 10 Minuten garen (Gas 3, Umluft 180 Grad).

5. Frikadellen aus dem Ofen nehmen, auf dem Tomatensalat anrichten und sofort servieren.

Pro Portion: 21 g E, 28 g F, 9 g KH = 374 kcal (1565 kJ)

Kalbsfrikadellen mit Pilzen

Für 7 Stück
Zubereitungszeit: 1 Stunde

2 Zwiebeln
1 Bund Petersilie
6 Stiele Majoran
60 g altbackenes Weißbrot
100 ml Milch
5 El Öl
500 g Kalbshackfleisch
1 Ei (Kl. M)
Salz
Pfeffer
400 g Pilze (z. B. Pfifferlinge)
1 El Butter
50 ml Weißwein
300 ml Schlagsahne
2 El Crème fraîche

1. 1 Zwiebel fein würfeln. ½ Bund Petersilien- und die Majoranblättchen fein hacken. Brot in Milch und 100 ml lauwarmem Wasser einweichen, dabei einmal wenden. 2 El Öl in einer Pfanne erhitzen. Zwiebel darin glasig dünsten, zuletzt die Petersilie und Majoran dazugeben und kurz mitdünsten. Brot mit den Händen sehr gut ausdrücken. Hack mit Brot, Ei und der Zwiebel-Kräuter-Mischung verkneten, mit Salz und Pfeffer herzhaft würzen. Aus der Masse mit feuchten Händen 7 gleich große Frikadellen formen und 15 Minuten kalt stellen.

2. Inzwischen die Pilze sorgfältig putzen. Restliche Zwiebel fein würfeln, restliche Petersilienblätter fein hacken.

3. Restliches Öl in einer großen ofenfesten Pfanne erhitzen. Frikadellen darin von beiden Seiten hellbraun anbraten. Aus der Pfanne nehmen und die Pilze in der gleichen Pfanne bei starker Hitze anbraten. Butter und Zwiebel dazugeben und 1 Minute mitbraten. Mit Weißwein ablöschen, einkochen lassen und mit der Sahne auffüllen. Mit Salz und Pfeffer würzen, aufkochen. Frikadellen in der Pfanne verteilen und im vorgeheizten Backofen bei 220 Grad auf der untersten Schiene in 10–12 Minuten fertig garen (Gas 4–5, Umluft 200 Grad).

4. Frikadellen aus dem Ofen nehmen, restliche Petersilie und Crème fraîche dazugeben und sofort servieren.

Pro Portion: 18 g E, 31 g F, 7 g KH = 389 kcal (1627 kJ)

Tatar-Frikadellen

Für 5 Stück
Zubereitungszeit: 1 Stunde

Frikadellen
500 g Beefhack
Pfeffer
2 El Olivenöl
5 Sardellenfilets
2 El Kapern (Nonpareilles)
5 frische Eier (Kl. M)
1 El Öl
Zwiebelsprossen (Bio-Laden)
grobes Meersalz
Tabasco

Remoulade
1 Ei (Kl. M)
150 ml Öl
1 Bund Schnittlauch
50 g Cornichons
2 El Zitronensaft
Salz
Pfeffer

Außerdem: Klarsichtfolie

1. Beefhack zwischen 2 Lagen Klarsichtfolie ca. 2 cm dick flach drücken. Dann mit einem Metallring (8 cm Ø) 5 flache Frikadellen ausstechen, pfeffern, leicht mit Olivenöl einstreichen und 15 Minuten kalt stellen.

2. Für die Remoulade Ei und Öl in einen schmalen hohen Messbecher geben. Mit einem Schneidstab gut durchmixen, bis eine cremige Mayonnaise entsteht. Schnittlauch in feine Röllchen, Cornichons in feine Würfel schneiden. Mayonnaise mit Schnittlauch, Gurken, Zitronensaft, Salz und Pfeffer würzen und kalt stellen.

3. Sardellen und Kapern abtropfen lassen. Eine Pfanne stark erhitzen. Die Frikadellen darin von jeder Seite 30 Sekunden scharf anbraten, auf Tellern verteilen und mit Kapern bestreuen. Eier einzeln aufschlagen und in der Pfanne mit wenig Öl verteilen. Eier 1 Minute braten, bis das Eiweiß gerade gestockt ist. Mit einem runden Ausstecher (7 cm Ø) Eigelb mit etwas Eiweiß herausstechen und auf die Frikadellen setzen. Mit einigen Zwiebelsprossen bestreuen. Mit der Remoulade, dem groben Meersalz, Tabasco und den Sardellenfilets sofort servieren. Dazu passt geröstetes Brot.

Pro Portion: 31 g E, 41 g F, 2 g KH = 513 kcal (2145 kJ)

Wie macht man eigentlich …

Hühnersuppe

GUT ZU WISSEN

Die Qualität: Für eine gute Brühe ist die Qualität des Huhns ausschlaggebend. Sparen Sie deshalb nicht an der falschen Stelle – ein in sechs Wochen hochgezüchtetes Turbo-Huhn für 2,99 Euro kann keine gute Fleischqualität bieten.

Die Haltung: Freiheit über alles – ein Huhn muss sich bewegen und frei laufen können, sonst verkümmern seine Knochen, es kann keine Muskelmasse ansetzen und keinen Geschmack entwickeln.

Die Herkunft: *Sie müssen für Ihre Brühe keine importierte Bresse-Poularde einkaufen, mit einem Bio-Suppenhuhn sind Sie auf der sicheren Seite, aber auch ein Huhn aus konventioneller bäuerlicher Freilandhaltung kann durchaus gut sein. Fragen Sie Ihren Geflügelhändler oder Metzger nach seinen Lieferanten. Lohnenswert ist ein Gang über den Wochenmarkt – immer mehr Bauern vermarkten ihre Hühner selbst.*

Koch-
schule

So einfach geht es Schritt für Schritt

1. Die Brühe ansetzen.

2. Die Trübstoffe entfernen.

3. Die Brühe mit Gemüse anreichern.

4. Durch ein Sieb gießen.

5. Genießen.

Rezept siehe Seite 20

Hühnersuppe

Grundrezept Hühnerbrühe

Für 6 Liter Brühe
Zubereitungszeit: 30 Minuten
Garzeit: 4–5 Stunden
Kühlzeit: über Nacht

1 Zwiebel
4 Gewürznelken
1 Bouquet garni (Kräutersträußchen, z. B. aus Thymian, Petersilie und Lorbeerblatt)
1 gutes Suppenhuhn (2,5 kg, Freiland, möglichst Bio-Qualität)
1 El schwarze Pfefferkörner
5 Wacholderbeeren
Salz
1 Bund Suppengrün

1. Zwiebel halbieren und mit den Schnittseiten in einer heißen Pfanne ohne Fett hellbraun rösten. Zwiebel mit Nelken, Bouquet garni, Pfefferkörnern, Wacholderbeeren, 2 El Salz und dem Suppenhuhn in einen großen Topf geben und mit ca. 9 Liter kaltem Wasser auffüllen. Langsam aufkochen lassen, dann die Hitze reduzieren und 4–5 Stunden mit halb aufgelegtem Deckel knapp über dem Siedepunkt leise köcheln lassen. Die Trübstoffe zwischendurch immer wieder abschöpfen.

2. Suppengrün putzen, in grobe Stücke schneiden, 1 Stunde vor Garzeitende dazugeben und mitkochen. Zwiebel, Gemüse und Gewürze mit einer Schaumkelle entfernen. Brühe mit Huhn abkühlen lassen, über Nacht kalt stellen.

3. Am nächsten Tag das Fett auf der Oberfläche vorsichtig entfernen, die Brühe mit dem Huhn einmal aufkochen. Dann das Huhn entfernen und wegwerfen, die Brühe durch ein mit einem Tuch ausgelegtes Sieb in einen anderen Topf gießen. Nochmals kurz aufkochen, mit Salz abschmecken, nach Belieben weiterverwenden.

Pro 500 ml: 2 g E, 1 g F, 1 g KH = 19 kcal (80 kJ)

Hühnersuppe mit Leberknödeln

Für 4 Portionen
Zubereitungszeit: 45 Minuten

½ trockenes Milchbrötchen (ca. 20 g)
80 g Zwiebeln
2 El Öl
2 Stiele glatte Petersilie
½ Tl getrockneter Majoran
150 g Geflügelleber
150 g gemischtes Hackfleisch
1 Ei (Kl. M)
2 El Semmelbrösel
Salz
Pfeffer
100 g TK-Erbsen
1 Bund Schnittlauch
1 l Hühnerbrühe (siehe Grundrezept oben)
1 Lorbeerblatt

1. Das Brötchen in lauwarmem Wasser einweichen. Zwiebeln in feine Streifen schneiden. Öl in einer Pfanne erhitzen, die Zwiebeln darin bei schwacher Hitze in 5–6 Minuten glasig dünsten. Petersilienblätter abzupfen und mit dem Majoran 1 Minute vor Garzeitende zu den Zwiebeln geben. Abkühlen lassen.

2. Brötchen abtropfen und mit den Händen ausdrücken. Leber in kleine Stücke schneiden. Zwiebelmischung, Brötchen, Hackfleisch und Leber durch die mittlere Scheibe des Fleischwolfs drehen. Ei und Semmelbrösel untermischen, mit Salz und Pfeffer abschmecken.

3. In einem Topf etwas Salzwasser aufkochen. Die Erbsen darin 1 Minute blanchieren, abgießen, abschrecken und abtropfen lassen. Schnittlauch in feine Röllchen schneiden. Die Hühnerbrühe erhitzen. In einem anderen Topf reichlich Salzwasser mit dem Lorbeerblatt aufkochen. Dann die Hitze reduzieren. Aus der Lebermasse mithilfe von 2 feuchten Esslöffeln Nocken formen, in das heiße Wasser gleiten und 6–8 Minuten ziehen lassen.

4. Erbsen und Schnittlauch auf vorgewärmte Suppenteller oder -tassen verteilen. Leberknödel mit einer Schaumkelle ebenfalls verteilen. Mit der Hühnerbrühe aufgießen und servieren.

Pro Portion: 20 g E, 15 g F, 13 g KH = 273 kcal (1144 kJ)

Hühnersuppe alla romana

Für 4 Portionen
Zubereitungszeit: 15 Minuten

50 g Grana Padano
40 g Weichweizengrieß
1 Ei (Kl. M)
½ Bio-Zitrone
½ Bund glatte Petersilie
1 l Hühnerbrühe (siehe Grundrezept Seite 20)
Muskat

1. Käse fein reiben. Mit Grieß und Ei verrühren. Zitronenschale fein abreiben, Petersilienblätter abzupfen und fein hacken. Hühnerbrühe aufkochen. Aus der Käse-Grieß-Masse mit einem Teelöffel kleine Stücke direkt in die Suppe gleiten und 5 Minuten bei schwacher Hitze quellen lassen.

2. Die Grießstücke mit einer Schaumkelle herausheben und auf vorgewärmte Suppenteller oder -tassen verteilen. Petersilie und Zitronenschale in die Suppe geben, mit Muskat würzen und auf die Teller verteilen.

Pro Portion: 8 g E, 6 g F, 9 g KH = 128 kcal (534 kJ)

Thai-Suppe

Für 4 Portionen
Zubereitungszeit: 25 Minuten

- 20 g frische Galgantwurzel (Asia-Laden)
- 3 Stiele Zitronengras (Asia-Laden)
- 2 rote Chilischoten
- 300 g weiße Champignons
- 1 Bund Koriandergrün
- 1 l Hühnerbrühe (siehe Grundrezept Seite 20)
- 400 ml Kokosmilch (ungesüßt)
- 4–5 El thailändische Fischsauce (Asia-Laden)
- 2–3 El Limettensaft

1. Galgant in Scheiben schneiden. Zitronengras in 2 cm große Stücke schneiden. Chilischoten mit Kernen in feine Ringe schneiden. Champignons putzen, größere dritteln, kleinere ganz lassen. Koriander grob hacken.

2. Hühnersuppe mit Galgant, Zitronengras, Chili, Kokosmilch und Fischsauce aufkochen und 10 Minuten ziehen lassen. Erneut aufkochen, Pilze dazugeben und 5 Minuten darin garen. Koriander dazugeben und sofort servieren. Nach Belieben mit frischem Limettensaft abschmecken.

Pro Portion: 5 g E, 18 g F, 5 g KH = 203 kcal (852 kJ)

Chinesische Nudelsuppe

Für 4 Portionen
Zubereitungszeit: 30 Minuten

100 g Shiitake-Pilze
30 g frischer Ingwer
1 Knoblauchzehe
200 g Spinat
2 Tl Sesamsaat
4 Garnelenschwänze (roh mit Schale, à 50 g)
4 Frühlingszwiebeln
100 g chinesische Weizennudeln (Asia-Laden)
Salz
1 l Hühnerbrühe (siehe Grundrezept Seite 20)
4–5 El Sojasauce
2–3 Spritzer geröstetes Sesamöl

1. Shiitake-Pilze putzen, kleinere ganz lassen, größere halbieren oder in Scheiben schneiden. Ingwer schälen. Ingwer und Knoblauch in feine Streifen schneiden. Spinat putzen, waschen, abtropfen lassen. Sesam in einer Pfanne ohne Fett hellbraun rösten. Garnelen schälen, auf dem Rücken längs einritzen und entdarmen. Frühlingszwiebeln putzen, nur das Weiße und Hellgrüne fein schneiden. Nudeln in kochendem Salzwasser 2–3 Minuten kochen, abgießen, abschrecken und abtropfen lassen.

2. Hühnerbrühe mit Knoblauch, Ingwer und 2–3 El Sojasauce aufkochen und 10 Minuten ziehen lassen. Dann die Suppe erneut aufkochen. Pilze, Spinat, Garnelen und Sesam dazugeben, Hitze reduzieren und alles knapp unter dem Siedepunkt 5–6 Minuten ziehen lassen. Mit restlicher Sojasauce und Sesamöl abschmecken.

3. Nudeln und Frühlingszwiebeln auf vorgewärmte Schalen verteilen. Mit der heißen Suppe auffüllen und sofort servieren.

Pro Portion: 15 g E, 6 g F, 25 g KH = 216 kcal (904 kJ)

Wie macht man eigentlich …

Roastbeef

GUT ZU WISSEN

Das Roastbeef wird auch Zwischenrippenstück genannt. Es stammt aus dem Hinterviertel des Rindes und gehört zu seinen zartesten und gefragtesten Fleischteilen. Der Fettanteil beim hohen runden Roastbeef, dem Rib-Eye, ist dabei deutlich höher als beim flachen Roastbeef, der Lende.

Beim Kauf von Rindfleisch sollte man auf eine gute Fleischqualität achten und möglichst auf Bio-Fleisch aus artgerechter Haltung zurückgreifen. Das Fleisch sollte gut marmoriert und leicht mit Fett bedeckt sein.

Tipp: *Wenn Sie das Roastbeef (siehe Grundrezept Seite 30) nur mit Bratkartoffeln und Dips servieren wollen, können Sie den Fettdeckel dranlassen und erst nach dem Garen entfernen. Für alle weiteren Rezepte das Fleisch bitte sorgfältig parieren.*

Übrigens: Wer das Roastbeef kalt mag, lässt es einfach etwa 2 Stunden in Alufolie auskühlen.

Koch-schule

So einfach geht es Schritt für Schritt

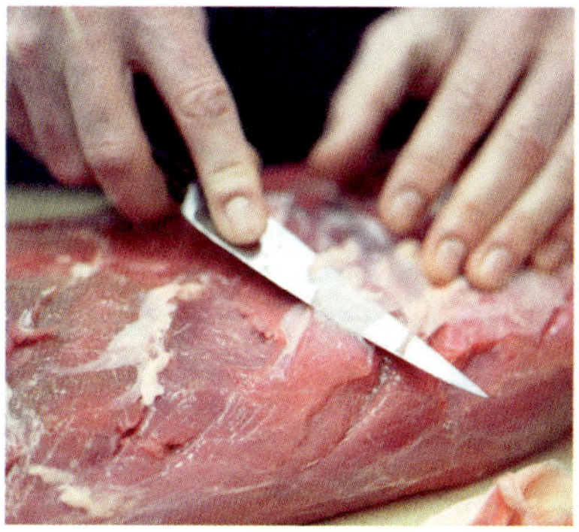

1. Fleisch parieren.

2. Salzen und pfeffern.

3. In Öl anbraten und Kräuter dazugeben.

4. Im Ofen bei 140 Grad garen.

5. Aufschneiden.

Rezept siehe Seite 30

Roastbeef

Grundrezept

Für 8–10 Portionen
Zubereitungszeit: 1 Stunde

2,5 kg Roastbeef
½ Tl schwarze Pfefferkörner
½ Tl grüne Pfefferkörner
grobes Meersalz
4 El Olivenöl
4 Zweige Rosmarin
½ Knoblauchknolle

1. Roastbeef parieren, also den Fettdeckel, feine Häutchen und eventuell vorhandene Sehnen mit einem scharfen Messer entfernen.

2. Beide Pfeffersorten im Mörser fein zerstoßen. Eine große Pfanne stark erhitzen. Das Fleisch auf einer Seite mit Pfeffer und grobem Salz würzen.

3. Olivenöl in die heiße Pfanne geben, das Fleisch mit der gewürzten Seite zuerst kurz darin anbraten. Fleischoberseite ebenfalls mit Salz und Pfeffer würzen. Rosmarin und Knoblauch dazugeben. Das Fleisch wenden, nur kurz anbraten, damit sich einige Röststoffe bilden. Dann aus der Pfanne nehmen und mit den Gewürzen auf ein Stück dreilagig gefaltete Alufolie legen.

4. Den Backofen auf 140 Grad (Gas 1, Umluft nicht empfehlenswert) vorheizen. Das Roastbeef mit der Folie auf ein Ofengitter legen und bei 140 Grad auf der untersten Schiene 50 Minuten garen. Dann aus dem Ofen nehmen und in Alufolie gewickelt 10 Minuten ruhen lassen.

5. Roastbeef in Scheiben schneiden. Dazu passen Bratkartoffeln.

Pro Portion (bei 8 Portionen): 60 g E, 14 g F, 0 g KH = 370 kcal (1560 kJ)

Roastbeef mit Kräuterkruste

Für 6 Portionen
Zubereitungszeit: 30 Minuten
Ruhezeit: 30 Minuten

50 g Pinienkerne
½ Bund glatte Petersilie
½ Bund Kerbel
5 Stiele Thymian
100 g weiche Butter
2 Eigelb (Kl. M)
½ Tl Honig
grobes Salz
schwarzer Pfeffer
1 kg gegartes Roastbeef (siehe Grundrezept oben)

1. Pinienkerne in einer Pfanne ohne Fett hellbraun rösten. Kerne abkühlen lassen und grob hacken. Petersilie, Kerbel und Thymian von den Stielen zupfen und zusammen fein hacken. Die Butter mit den Quirlen des Handrührers cremig-dicklich aufschlagen. Eigelbe dazugeben und unterrühren. Kräuter, Pinienkerne und Honig unter die Masse rühren, herzhaft mit Salz und Pfeffer würzen.

2. Kräutermasse zwischen 2 Lagen Frischhaltefolie geben und ca. ½ cm dick zu einem Rechteck (ca. 22 x 10 cm) ausrollen. 30 Minuten kühlen.

3. Das fertig gegarte Stück Roastbeef nach dem Ruhen aus der Alufolie nehmen und auf ein Backblech legen. Die Kräutermasse aus der Folie nehmen und auf das Fleisch legen. Unter dem vorgeheizten Backofengrill bei 250 Grad auf der mittleren Schiene 4–5 Minuten bzw. nach Sicht goldbraun gratinieren. Herausnehmen, in Scheiben schneiden und servieren. Dazu passt Kartoffelgratin.

Pro Portion: 60 g E, 14 g F, 0 g KH = 370 kcal (1560 kJ)

Roastbeef mit Oliven-Vinaigrette

Für 2 Portionen
Zubereitungszeit: 15 Minuten

- 250 g gegartes Roastbeef (siehe Grundrezept Seite 30)
- 10 g getrocknete Tomaten
- 50 g schwarze französische Oliven (entsteint)
- 2 Stiele Basilikum
- 1 El kleine Kapern
- 4 Anchovisfilets
- 2 El Aceto balsamico
- grobes Meersalz
- schwarzer Pfeffer
- Zucker
- 6 El Olivenöl

1. Roastbeef in sehr dünne Scheiben schneiden und auf 2 Teller verteilen. Tomaten mit kochendem Wasser überbrühen, 5 Minuten ziehen lassen. Oliven und Basilikumblätter grob hacken. Tomaten abtropfen lassen, gut ausdrücken und in feine Streifen schneiden. Kapern und Anchovis abtropfen lassen.

2. Aceto balsamico mit Salz, Pfeffer und 1 Prise Zucker verrühren. Mit 2 El Wasser und dem Olivenöl verquirlen. Tomaten, Oliven, Kapern und Basilikum unterrühren. Roastbeefscheiben großzügig mit der Vinaigrette beträufeln, mit den Anchovis belegen und servieren.

Pro Portion: 55 g E, 30 g F, 1 g KH = 498 kcal (2098 kJ)

Asia-Roastbeef-Salat

Für 4 Portionen
Zubereitungszeit: 30 Minuten

30 g frischer Ingwer
1 grüne Chilischote
2 El brauner Zucker
3 El Erdnussöl
1 El Sesamöl (geröstet)
2 El Ketjap manis (süße Sojasauce)
5 El Sojasauce
4 El Limettensaft
100 g Glasnudeln (Asia-Laden)
4 Frühlingszwiebeln
½ rote Paprikaschote
100 g Sojasprossen
150 g Brokkoli
Salz
2 El Sesamsaat
250 g gegartes Roastbeef (siehe Grundrezept Seite 30)
1 Bund Koriandergrün (grob gehackt)
Pfeffer

1. Für die Vinaigrette den Ingwer schälen, erst in feine Scheiben, dann in sehr feine Streifen schneiden. Chili fein hacken, mit Ingwer, 2 El Wasser, braunem Zucker, Öl, Sesamöl, Ketjap manis, Sojasauce und Limettensaft verrühren.

2. Glasnudeln mit kochendem Wasser überbrühen, 5 Minuten ziehen lassen, abgießen und bis zur weiteren Verwendung in kaltem Wasser stehen lassen. Frühlingszwiebeln putzen, nur das Weiße und Hellgrüne in feine Streifen schneiden. Paprika ebenfalls putzen und in feine Streifen schneiden. Sprossen putzen und jeweils den Keim entfernen. Brokkoli in sehr feine Röschen teilen, in kochendem Salzwasser 30 Sekunden blanchieren, abgießen, abschrecken, abtropfen lassen. Sesam in einer Pfanne hellbraun ohne Fett rösten. Glasnudeln abgießen, abtropfen lassen, mit einer Schere in kürzere Stücke schneiden.

3. Nudeln, die Hälfte der Vinaigrette, vorbereitetes Gemüse und etwas Sesam mischen. Roastbeef in Streifen schneiden, mit der restlichen Vinaigrette, Sesam und Koriander marinieren. Auf dem Salat anrichten, mit Salz und Pfeffer abschmecken.

Pro Portion: 25 g E, 17 g F, 28 g KH = 379 kcal (1587 kJ)

Roastbeef mit Brezenkruste und Kresse-Dip

Für 8 Portionen
Zubereitungszeit: 1 Stunde
Garzeit: 50 Minuten

Fleisch und Kruste

200 g Brezel (vom Vortag; ersatzweise Laugenstangen)
150 g Zwiebeln
1 Bund glatte Petersilie
4–5 El Öl
2 Tl Kümmel
2 Tl getrockneter Majoran
150 g Butter (weich)
Salz
Pfeffer
2 Tl Senf
3 Eigelb (Kl. M)
2 kg Roastbeef (flaches Stück, ohne Fett und Sehnen)

Dip

3 Eier (Kl. M)
100 g Hüttenkäse
100 g Magermilchjoghurt
150 g Schmand
100 g Mayonnaise
1 Tl mittelscharfer Senf
1 Tl körniger Senf
Salz
Pfeffer
1 Beet Gartenkresse
1 Beet violette Kresse

1. Brezel knapp 1 cm groß würfeln. Zwiebeln fein würfeln. Petersilienblätter von den Stielen zupfen und fein hacken. 2 El Öl in einer Pfanne erhitzen, Zwiebeln mit Kümmel darin glasig dünsten. Petersilie und Majoran zugeben, vom Herd nehmen und abkühlen lassen. Butter, wenig Salz, Pfeffer und Senf mit den Quirlen des Handrührers cremig-weißlich aufschlagen. Eigelbe einzeln zugeben und unterrühren. Zwiebeln und Brezelwürfel zugeben und sorgfältig mischen.

2. Roastbeef auf beiden Seiten mit Salz und Pfeffer würzen. Restliches Öl in einem Bräter (oder einer ofenfesten Pfanne) erhitzen. Fleisch darin auf beiden Seiten anbraten und herausnehmen. Ein Backofengitter mit 2 Lagen Alufolie belegen. Roastbeef darauflegen. Im vorgeheizten Backofen bei 180 Grad auf der 2. Schiene von unten 30–35 Minuten garen (Gas 2–3, Umluft 25–30 Minuten bei 170 Grad). Aus dem Backofen nehmen und 15 Minuten ruhen lassen.

3. Für den Dip die Eier anpiksen und in kochendem Wasser 6 Minuten nicht zu hart kochen. Eier abgießen, abschrecken und pellen. Hüttenkäse mit Joghurt, Schmand, Mayonnaise, beiden Senfsorten, Salz und Pfeffer mischen. Eier grob schneiden. Kresse von den Beeten schneiden. Eier und die Hälfte der Kresse unter den Dip rühren. In einer Schale anrichten und mit der restlichen Kresse bestreut servieren.

4. Brezelmasse auf dem Fleisch verteilen und leicht andrücken. Backofengrill auf 250 Grad vorheizen. Fleisch unter dem Ofengrill auf der 2. Schiene von unten 5–6 Minuten braun gratinieren. Fleisch aus dem Backofen nehmen und auf ein Servierbrett legen. Fleisch in Scheiben schneiden und mit dem Kresse-Dip servieren.

Tipp Zum Roastbeef passt buntes Gemüse und in Lorbeerwasser gekochte, mit Semmelbröseln geröstete Kartoffeln.

Pro Portion: 65 g E, 47 g F, 20 g KH = 781 kcal (3273 kJ)

Wie macht man eigentlich …

Rouladen

GUT ZU WISSEN

Das Fleisch für Rouladen wird aus verschiedenen Partien des Rinds geschnitten. Die Stücke aus der Keule (Ober- und Unterschale) können sehr groß ausfallen, die aus Hüfte und Hüftdeckel sind eher kleiner.

Kaufen Sie möglichst bei einem handwerklich arbeitenden Fleischer, der sein Rindfleisch lange genug abhängen lässt. Die Rouladen werden dann beim Schmoren schön zart und mürbe.

Wichtig beim Garen: *Braten Sie Rouladen bei starker Hitze rundum an, das sorgt für Röststoffe und kräftigen Geschmack. Beim anschließenden Schmoren sollten Sie das Fleisch immer mit Flüssigkeit bedeckt halten, so kann es auch ruhig eine halbe Stunde länger im Ofen bleiben.*

Stecken, wickeln, klammern – jeder hat seine Methode, damit die Rouladen beim Schmoren nicht auseinanderfallen.

So einfach geht es Schritt für Schritt

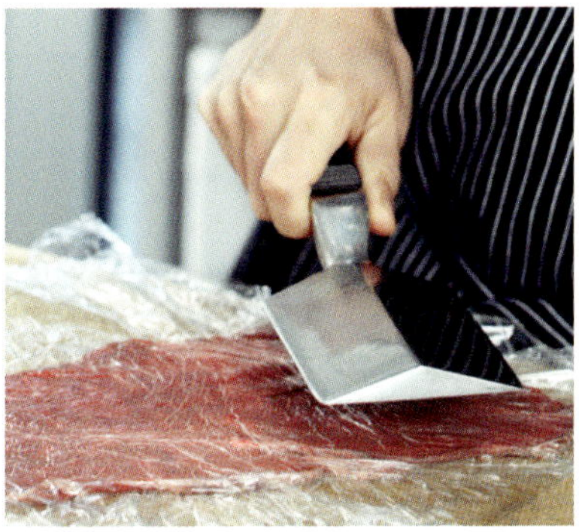

1. Das Fleisch mit einem Plattiereisen flach klopfen.

2. Fleisch würzen und belegen.

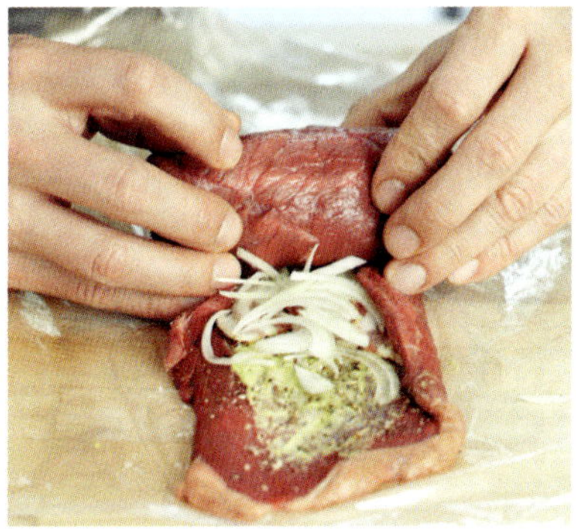

3. Gefüllte Rouladen aufrollen.

4. Mit einer Rouladennadel fixieren.

5. Rouladen im Bräter anbraten.

Rezept siehe Seite 40

Rinderroulade – der Klassiker

Für 4 Portionen
Zubereitungszeit: 40 Minuten
Garzeit: 1:30 Stunden

Rouladen
8 Cornichons
2 Zwiebeln
4 Rinderrouladen (à ca. 200 g)
Salz
Pfeffer
4 Tl mittelscharfer Senf
12 Scheiben Bacon

Sauce
100 g Möhren
100 g Knollensellerie
80 g Lauch
100 g Zwiebeln
Salz
Pfeffer
5 El Öl
2 Lorbeerblätter
1 Stiel Thymian
1 El Tomatenmark
150 ml Rotwein
1 El Speisestärke

1. Für die Rouladen die Cornichons längs vierteln. Zwiebeln halbieren und in dünne Streifen schneiden. Fleisch zwischen Klarsichtfolie flach klopfen.

2. Fleisch nebeneinanderlegen, salzen, pfeffern, mit Senf bestreichen und mit je 3 Scheiben Bacon belegen.

3. Cornichons auf dem breiten Ende der Rouladen verteilen. Mit Zwiebelstreifen belegen, die Längsseiten darüberklappen und vom breiten Ende aus aufrollen.

4. Fleisch mit Rouladennadeln feststecken. Für die Sauce Möhren und Sellerie schälen und in ca. 1 cm große Würfel schneiden. Lauch putzen und mit den Zwiebeln in ca. 1 cm große Würfel schneiden. Die Rouladen von allen Seiten mit Salz und Pfeffer würzen.

5. 3 El Öl in einem Bräter erhitzen, Rouladen darin rundum anbraten, danach herausheben. Restliches Öl im Bräter erhitzen, Gemüse darin anrösten. Lorbeer, Thymian und Tomatenmark dazugeben und unter Rühren kurz mitrösten. Wein dazugeben, kurz einkochen lassen, Rouladen hineinlegen, 400 ml Wasser dazugießen, salzen, pfeffern. Im vorgeheizten Ofen bei 180 Grad (Gas 2–3, Umluft 160 Grad) auf der 1. Schiene von unten 1:30 Stunden zugedeckt garen; dabei ab und zu wenden. Rouladen herausheben, in Alufolie wickeln. Kräuter entfernen, Sauce durch ein Sieb in einen Topf streichen, aufkochen, abschmecken und mit der in wenig kaltem Wasser gelösten Speisestärke binden. Rouladen 8–10 Minuten bei milder Hitze darin ziehen lassen.

Pro Portion: 43 g E, 26 g F, 4 g KH = 436 kcal (1828 kJ)

Mediterrane Rouladen

Roulade mit Spinat und Parmaschinken

Für 4 Portionen
Zubereitungszeit: 40 Minuten
Garzeit: 1:30 Stunden

120 g Baby-Blattspinat
1 Knoblauchzehe
20 g Pinienkerne
20 g getrocknete Tomaten
2 El Olivenöl
Salz
Pfeffer
4 Rinderrouladen (à ca. 200 g)
8 dünne Scheiben Parmaschinken

1. Spinat putzen, waschen und trocken schleudern. Knoblauch in dünne Scheiben schneiden. Pinienkerne in einer Pfanne ohne Fett rösten. Getrocknete Tomaten in dünne Streifen schneiden.

2. Öl in einer Pfanne erhitzen. Knoblauch darin andünsten. Spinat dazugeben, salzen, pfeffern und bei mittlerer Hitze 3–4 Minuten dünsten. Abkühlen lassen.

3. Rouladen wie im Grundrezept (siehe Seite 40) zubereiten. Mit jeweils 2 Scheiben Parmaschinken belegen. Spinat, getrocknete Tomaten und Pinienkerne auf dem breiten Ende der Rouladen verteilen. Die Längsseiten über die Füllung klappen, aufrollen, mit Rouladennadeln feststecken und wie im Grundrezept angegeben anbraten und schmoren.

Für die Sauce 1–2 El Honig und ½ Tl Chiliflocken in die passierte Grundsauce (siehe Seite 40) geben und mit etwas Muskat abschmecken. Einmal aufkochen, dann mit Stärke binden.

Pro Portion: 48 g E, 25 g F, 7 g KH = 462 kcal (1936 kJ)

Roulade mit Oliven, Mett und Fenchelsaat

Für 4 Portionen
Zubereitungszeit: 40 Minuten
Garzeit: 1:30 Stunden

2 Schalotten
4 Stiele Basilikum
1 El Fenchelsaat
250 g Schweinemett
Salz
Pfeffer
Cayennepfeffer
2 El schwarze Oliven (entsteint)
4 Rinderrouladen (à ca. 200 g)
2 El Olivenöl

1. Schalotten längs halbieren und in dünne Streifen schneiden. Basilikumblätter abzupfen. Fenchelsaat in einer Pfanne ohne Fett anrösten, abkühlen lassen, im Mörser grob zerstoßen. Mett mit Salz, Pfeffer und Cayennepfeffer würzen, die Fenchelsaat untermischen. Oliven grob hacken.

2. Rouladen wie im Grundrezept (siehe Seite 40) zubereiten. Mit Basilikumblättern belegen. Mett auf dem breiten Ende der Rouladen verteilen. Mit Schalotten und Oliven bestreuen, mit dem Olivenöl beträufeln. Die Längsseiten etwas über die Füllung klappen, aufrollen, mit Rouladennadeln feststecken, wie im Grundrezept anbraten und schmoren.

Für die Sauce 100 g Kirschtomaten waschen, einritzen, kurz blanchieren, abschrecken, häuten und vierteln. Blätter von 1 Stiel Basilikum in feine Streifen schneiden. Passierte Grundsauce (siehe Seite 40) mit Stärke binden, die Tomaten hineingeben und 2–3 Minuten bei mittlerer Hitze mitkochen lassen. Mit Zucker abschmecken und mit Basilikum bestreut servieren.

Pro Portion: 53 g E, 32 g F, 7 g KH = 535 kcal (2240 kJ)

Sonntags-Rouladen

Roulade mit Pilzfüllung

Für 4 Portionen
Zubereitungszeit: 50 Minuten
Garzeit: 1:30 Stunden

3 Scheiben Toastbrot
3 El Butter
2 Stangen Staudensellerie (mit Grün)
150 g Champignons
100 g Schalotten
1 kleiner Zweig Rosmarin
100 g Speck
4 Rinderrouladen (à ca. 200 g)
Salz
Pfeffer

1. Toastbrot entrinden und klein würfeln. 1 El Butter in einer Pfanne erhitzen und die Toastbrotwürfel darin goldgelb rösten. Auf Küchenpapier abtropfen lassen.

2. Sellerie putzen und fein würfeln. Das Grün in feine Streifen schneiden. Pilze putzen und sehr fein hacken. Schalotten fein würfeln. Rosmarinnadeln abzupfen und fein hacken. Speck fein würfeln und in einer Pfanne ohne Fett knusprig braten. Pilze und die restliche Butter dazugeben und 2–3 Minuten unter Rühren braten. Sellerie und Schalotten dazugeben und weitere 2–3 Minuten mitbraten. Rosmarin und Toastbrot dazugeben, salzen, pfeffern und abkühlen lassen.

3. Rouladen wie im Grundrezept (siehe Seite 40) zubereiten. Die Pilzfüllung auf dem breiten Ende der Rouladen verteilen. Die Längsseiten über die Füllung klappen, aufrollen, mit Rouladennadeln feststecken und wie im Grundrezept angegeben anbraten und schmoren.

Für die Sauce 20 g getrocknete Steinpilze in 150 ml heißem Wasser 30 Minuten einweichen, durch ein feines Sieb gießen, den Sud auffangen. Die Pilze grob hacken. Steinpilze und Sud in die passierte Grundsauce (siehe Seite 40) geben und 10 Minuten mitkochen. Mit Stärke binden.

Pro Portion: 49 g E, 47 g F, 15 g KH = 692 kcal (2895 kJ)

Roulade mit Feigen, Senf und Thymian

Für 4 Portionen
Zubereitungszeit: 40 Minuten
Garzeit: 1:30 Stunden

2 El Mandelblättchen
2 getrocknete Pflaumen
2 Feigen
2 Stiele Thymian
4 Rinderrouladen (à ca. 200 g)
Salz
Pfeffer
2 El grober Senf

1. Mandelblättchen in einer Pfanne ohne Fett goldbraun rösten. Pflaumen fein würfeln. Feigen in ca. ½ cm dicke Spalten schneiden. Thymianblättchen abzupfen.

2. Rouladen wie im Grundrezept (siehe Seite 40) zubereiten. Rouladen mit Senf bestreichen. Feigen, Pflaumen und Mandelblättchen auf dem breiten Ende der Rouladen verteilen und mit Thymian bestreuen. Die Längsseiten über die Füllung klappen, aufrollen, mit Rouladennadeln feststecken und wie im Grundrezept anbraten und schmoren.

Für die Sauce Die Blättchen von 1 Stiel Thymian abzupfen und grob hacken. 2–3 El alten Aceto balsamico in die passierte Grundsauce (siehe Seite 40) geben und mit Salz, Pfeffer und Zucker abschmecken. Einmal aufkochen, dann mit Stärke binden. Mit Thymian bestreut servieren.

Pro Portion: 45 g E, 25 g F, 13 g KH = 473 kcal (1984 kJ)

Rinderroulade mit Kohlrabisalat

Für 4 Portionen
Zubereitungszeit: 1 Stunde
Garzeit: 40 Minuten

Rouladen und Sauce

4 Scheiben Roastbeef (à ca. 125 g; vom Mittelstück)
120 g Champignons
120 g Shiitake-Pilze
4 Frühlingszwiebeln (ca. 140 g)
30 g frischer Ingwer
3–4 El Olivenöl
Salz
Pfeffer
4 Tl Wasabi-Paste
200 g Zwiebeln
1 Zweig Rosmarin
20 g Butter
300 ml roter Portwein
150 ml dunkle Rinderjus
1 El Hoisin-Sauce (Asia-Laden)
1 El Chinkiang-Essig (dunkler Reisessig; Asia-Laden)
2 Tl Speisestärke

Salat und Dressing

600 g Kohlrabi
200 g TK-Dicke-Bohnen
Salz
1 El Koriandersaat
3 El Sojasauce
4 El Mirin (Reisessig; Asia-Laden)
2 Tl Hoisin-Sauce (Asia-Laden)
1 Tl Wasabi-Paste
3 Tl Fischsauce (Asia-Laden)
3 El Distelöl

1. Für die Rouladen Fleisch sorgfältig putzen, eventuell Sehnen und Fett entfernen. Je 1 Scheibe zwischen Klarsichtfolie legen und dünn klopfen (ca. 5 mm). Pilze putzen, Stiele abschneiden und in kleine Würfel schneiden. Frühlingszwiebeln putzen, das Dunkel- und Hellgrüne schräg in feine Ringe schneiden, das Weiße (ca. 6 cm der Zwiebeln) längs vierteln. Ingwer schälen, fein würfeln. 1 Tl Olivenöl in einer beschichteten Pfanne stark erhitzen, Pilze darin scharf anbraten und ca. 3 Minuten braten. Ingwer zugeben, 1 Minute mitbraten. Frühlingszwiebelringe zugeben und kurz mitdünsten. Pilzmischung im Küchenmixer mittelgrob hacken, in einer Schüssel mit Salz und Pfeffer würzen.

2. Die Arbeitsfläche mit Salz bestreuen. Fleischscheiben nebeneinanderlegen, mit Salz und Pfeffer würzen. Je 1 Tl Wasabi auf den Scheiben glatt streichen. Je 2 El Pilzmasse auf dem breiten Ende der Scheiben verteilen, leicht andrücken und mit je 4 Frühlingszwiebelvierteln belegen. Längsseiten darüberklappen und das Fleisch vom breiten Ende aus fest aufrollen. Mit Küchengarn umbinden und abgedeckt beiseitestellen.

3. Für den Salat Kohlrabi schälen, holzige Stücke abschneiden. Kohlrabi vierteln und quer in feine Scheiben schneiden. Dicke Bohnen in kochendem Salzwasser 5 Minuten garen, in ein Sieb gießen, abschrecken und abtropfen lassen. Bohnenkerne aus den Häuten drücken, mit einem feuchten Tuch abdecken und beiseitestellen.

4. Koriandersaat in einer Pfanne ohne Fett so lange rösten, bis sie fast dampft, abkühlen lassen und im Mörser fein mahlen. Für das Dressing Koriandersaat, Sojasauce, Mirin, Hoisin-Sauce, Wasabi, Fischsauce und Öl mit dem Schneebesen verrühren und ziehen lassen.

5. Für die Sauce Zwiebeln in feine Streifen schneiden. Rosmarinnadeln abzupfen und fein hacken. Butter in einem Topf zerlassen, Zwiebeln und Rosmarin darin bei mittlerer Hitze 3–4 Minuten dünsten. Mit Portwein ablöschen und zur Hälfte einkochen lassen. Mit 300 ml Wasser auffüllen und offen bei milder Hitze ca. 20 Minuten einkochen lassen. Sauce durch ein Sieb in einen Topf gießen und auf 200 ml einkochen. Jus, Hoisin-Sauce und Chinkiang-Essig unterrühren, leicht mit Salz und Pfeffer würzen.

6. Backofen auf 140 Grad (Gas 1, Umluft nicht empfehlenswert) vorheizen. Restliches Öl in einer beschichteten ofenfesten Pfanne erhitzen und die Rouladen auf jeder Seite 1 Minute (insgesamt 4 Minuten rundum) scharf anbraten, mit Salz und Pfeffer würzen. Im Backofen auf der 2. Schiene von unten 12 Minuten weitergaren, dabei einmal wenden. Sauce aufkochen und mit der in wenig kaltem Wasser gelösten Stärke binden.

7. Kohlrabi und Bohnen mit dem Dressing mischen. Rouladen aus dem Backofen nehmen, Küchengarn entfernen. Rouladen schräg aufschneiden und mit etwas Kohlrabisalat und Sauce auf vorgewärmten Tellern anrichten. Restliche Sauce und Salat dazu servieren.

Pro Portion: 48 g E, 29 g F, 37 g KH = 649 kcal (2720 kJ)

Wie macht man eigentlich …

Gänsebraten

GUT ZU WISSEN

Frisch: Eine Gans sollte festes Fleisch haben und eine gleichmäßig helle, fleckenfreie Haut. Wie anderes Geflügel auch sind Gänse frisch natürlich am besten. Kaufen Sie direkt beim Bauern, auf dem Markt oder im Fachgeschäft – unbedingt rechtzeitig vorbestellen!

Aus der Kälte: Wenn Sie eine preiswertere Alternative suchen, können Sie auch auf tiefgefrorene Gänse aus Ungarn oder Polen zurückgreifen. Lassen Sie sie so langsam wie möglich auftauen – das Fleisch ist dann wesentlich zarter.

***Federkiele:** Oft stecken noch ein paar Kiele in der Haut. Nach der ersten halben Stunde im Backofen hat sich die Haut gestrafft, und Sie können die Kiele leicht mit einer Pinzette entfernen.*

Gewicht: Lassen Sie sich von Größe und Gewicht nicht täuschen. Der reine Fleischanteil liegt bei etwa einem Drittel – der Rest sind Knochen und Fett.

Koch-
schule

So einfach geht es Schritt für Schritt

1. Die Gans mit Salz und Paprika einreiben.

2. Die Bauchhöhle über der Füllung verschließen.

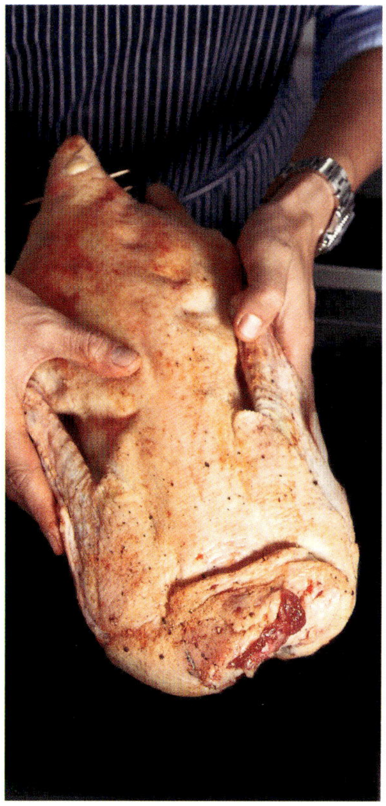

3. Mit der Brust nach unten auf die Saftpfanne legen.

4. Einmal wenden und öfter begießen.

5. Die Gans tranchieren.

Rezept siehe Seite 50

Gänsebraten – der Klassiker

Für 6–8 Portionen
Zubereitungszeit: 1:30 Stunden
Garzeit für die Sauce: 4 Stunden
Kühlzeit: über Nacht
Garzeit: 3:45 Stunden

Sauce

Flügelknochen, Hals und Innereien (von der Gans)
600 g Geflügelklein (z. B. von Gans, Ente oder Hühnchen)
2 El Öl
400 g Röstgemüse (Sellerie, Zwiebeln, Möhren)
2 Tl Tomatenmark
200 ml Rotwein
1 Zweig Rosmarin
1 El schwarze Pfefferkörner
3 Wacholderbeeren
2–3 Tl Speisestärke
1 Granatapfel

Gans

1 Gans (5–6 kg, bratfertig)
1 Tl Salz
1 Tl edelsüßes Paprikapulver
2 Äpfel
2 Zwiebeln
2 Stangen Staudensellerie
3 Stiele Thymian
3 Stiele Salbei
4 Zweige Beifuß

Kürbis und Äpfel

1 kg Muskatkürbis
30 g frischer Ingwer
4 El Öl
6 Schalotten
30 g Marzipanrohmasse
6 kleine Äpfel (à 100 g)

Außerdem: Holzspieße, Küchengarn

1. Wichtig: Bevor Sie mit der Gans loslegen, müssen Sie mit der Zubereitung der Sauce beginnen, da Sie dafür auch den Ofen brauchen. Von der Gans die Flügelspitzen und den Hals abschneiden. Beides grob hacken. Innereien grob schneiden. Geflügelklein, Flügelknochen, Hals und Innereien mit Öl in einer Saftpfanne mischen. Im vorgeheizten Ofen bei 220 Grad (Gas 3–4, Umluft 200 Grad) auf der untersten Schiene 40 Minuten braun rösten. Dann die Gans mit Salz und Paprikapulver einreiben. Röstgemüse putzen, grob schneiden und nach 30 Minuten zugeben. Dann alles von der Saftpfanne in einen großen Topf umfüllen und stark erhitzen. Tomatenmark einrühren. Mit Rotwein ablöschen, kurz einkochen lassen. Mit 3 l kaltem Wasser auffüllen. Gewürze zugeben, aufkochen und bei milder Hitze 3 Stunden kochen lassen. Fond (ca. 1,2 l) durch ein sehr feines Sieb in einen anderen Topf gießen, entfetten und auf 400 ml einkochen. Sauce über Nacht abkühlen lassen.

2. Äpfel, Zwiebeln und Staudensellerie klein schneiden. Thymian, Salbei und Beifuß grob klein schneiden. Äpfel, Gemüse und Kräuter mischen und die Gans damit füllen. Die Öffnung der Bauchhöhle mit Holzspießchen verschließen und mit Küchengarn fixieren. Keulen locker zusammenbinden.

3. Den Backofen auf 180 Grad (Gas 2–3, Umluft nicht empfehlenswert) vorheizen. Die Gans mit der Brustseite nach unten in eine Saftpfanne legen, 200 ml Wasser angießen, auf der 1. Schiene von unten 45 Minuten garen.

4. Die Gans wenden und in 3 Stunden bei 180 Grad zu Ende garen, dabei immer wieder mit insgesamt 600 ml leicht gesalzenem Wasser begießen. Nach der Hälfte der Garzeit Bratfond und ausgetretenes Fett abgießen und auffangen, damit die Saftpfanne nicht überläuft. 30 Minuten vor Ende der Garzeit die Ofentemperatur auf 220 Grad (Gas 3–4) erhöhen. Kürbis um die Gans herum verteilen. Nach 15 Minuten die Äpfel zugeben und mitgaren.

5. Inzwischen den Kürbis entkernen, schälen und in 1–2 cm dicke Scheiben schneiden. Ingwer schälen, in dünne Scheiben schneiden. Beides mit 2 El Öl mischen. Für die Bratäpfel die Schalotten fein würfeln und in 2 El Öl in einem Topf glasig dünsten. Vom restlichen Rosmarin die Nadeln abzupfen und fein schneiden. Marzipan fein raspeln, mit Rosmarin und Schalotten mischen. Aus den Äpfeln mit einem Apfelausstecher das Kerngehäuse ausstechen und die Marzipan-Rosmarin-Masse einfüllen.

6. Granatapfel halbieren, eine Hälfte auspressen, aus der anderen Hälfte die Kerne mit einem Löffel aus der Schale klopfen. 200 ml Gänsefond mit 6–8 El Gänsefett zu der vorbereiteten Gänsesauce geben, aufkochen und mit der in wenig kaltem Wasser gelösten Stärke leicht binden. Saft und Kerne zur Sauce geben und mit Salz abschmecken.

7. Gans aus dem Ofen nehmen, restlichen Fond und Fett zur bereits aufgefangenen Flüssigkeit gießen und mithilfe einer Fettkanne Fond vom Fett trennen, Fett entsorgen. Zum Servieren die Gans mithilfe eines Tranchierbestecks zerteilen. Mit Kürbis, Äpfeln und der Granatapfelsauce servieren. Die Füllung nicht servieren – sie sorgt lediglich für das Aroma.

Pro Portion: 53 g E, 110 g F, 26 g KH = 1349 kcal (5653 kJ)

Spanischer Gänse-Reis

Für 4–6 Portionen
Zubereitungszeit: 50 Minuten

- 4 Zwiebeln
- 150 g Lauch
- 150 g Staudensellerie
- 150 g Möhren
- 2 Knoblauchzehen
- 250 g gegartes Gänsefleisch
- 6 Stiele Petersilie
- 4 El Gänseschmalz
- 250 g Paella- oder Risottoreis
- 5 El Sherry
- 650 ml Gänse- oder Entenfond
- 250 ml übrig gebliebene Gänsesauce (siehe Rezept Seite 50)
- 2 Stiele Thymian
- 4 El gehackte Mandeln
- Salz
- Pfeffer
- Zucker

1. Zwiebeln fein würfeln. Lauch, Staudensellerie und Möhren putzen. Gemüse und Knoblauch ebenfalls fein würfeln. Fleisch evtl. von der Haut befreien und in kleine Würfel schneiden. Petersilie grob hacken.

2. Gänseschmalz in einem flachen ofenfesten Topf oder einer Kasserolle erhitzen. Gemüse und Knoblauch darin bissfest dünsten. Den Reis dazugeben und unter Rühren mitdünsten. Mit dem Sherry ablöschen und mit Fond und Sauce auffüllen. Gänsefleisch, Thymian und Mandeln untermischen und mit Salz, Pfeffer und 1 Prise Zucker würzen.

3. Gänse-Reis im vorgeheizten Backofen auf der mittleren Schiene 20 Minuten bei 220 Grad garen (Gas 3–4, Umluft nicht empfehlenswert). Mit Petersilie bestreut servieren.

Tipp Verwenden Sie für dieses Reisgericht auf jeden Fall ein flaches Gefäß, damit die Flüssigkeit verdampfen kann.

Pro Portion (bei 6 Portionen): 16 g E, 27 g F, 38 g KH = 467 kcal (1955 kJ)

Gänseschmalz

Für 4 Gläser à 300 ml Inhalt
Zubereitungszeit: 1 Stunde
Kühlzeit: über Nacht

700 g Gänseflomen
300 g Schweineschmalz
50 g Gänsehaut (z. B. vom Hals)
2 Zwiebeln
1 säuerlicher Apfel (z. B. Boskop)
6 Stiele Thymian
8 angedrückte Wacholderbeeren
Meersalz
Pfeffer

1. Gänseflomen klein schneiden und mit dem Schweineschmalz in einem Topf bei niedriger Temperatur zerlassen. Die Gänsehaut dazugeben und knusprig auslassen. Flüssiges Schmalz durch ein feines Sieb in eine Schüssel gießen, dabei die knusprigen Grieben und die Haut auffangen. Grieben und Gänsehaut kalt werden lassen, dann sehr fein hacken und unter das Schmalz rühren.

2. Zwiebeln in feine Streifen schneiden und in einer Pfanne in 1 El heißem Schmalz glasig werden lassen. Den Apfel schälen, entkernen und klein würfeln. Apfelwürfel ebenfalls ins Fett geben und 30 Sekunden mitbraten. Thymianblättchen von den Stielen zupfen und mit den Wacholderbeeren untermischen. Alles zum Schmalz geben, mit Meersalz und Pfeffer würzen und gut durchrühren. Das Schmalz in Gläser füllen und über Nacht kalt stellen. Wenn es anzieht, eventuell nochmals durchrühren. Mit Röstzwiebeln als Brotaufstrich servieren.

Tipp Sie können das Gänseschmalz auch zum Braten verwenden. Ganz hervorragend schmecken etwa in Gänseschmalz gebratene Kartoffeln.

Pro 1 El: 0 g E, 8 g F, 0 g KH = 74 kcal (313 kJ)

Wie macht man eigentlich …

Schnitzel

GUT ZU WISSEN

Das Fleisch: Kalbfleisch ist Vertrauenssache. Ein guter Metzger weiß etwas über die Aufzucht der Tiere und erkennt, ob das Fleisch gut abgehangen ist. Zu kurz abgehangenes Fleisch wird beim Braten hart.

Die Temperatur: Das Fleisch sollte Raumtemperatur haben. Nehmen Sie es also 1-2 Stunden vor dem Braten aus dem Kühlschrank.

Die Stärke: *Damit das Fleisch schön flach wird, plattieren Sie es zwischen zwei Folien oder in einem Gefrierbeutel. Wer keinen Plattierer hat, klopft es mit einem Stieltopf flach.*

Die Kräuter: Schneiden Sie zarte Kräuter wie Petersilie, Basilikum, Dill oder Schnittlauch erst kurz vor dem Servieren klein und streuen Sie diese über die Schnitzel. Rosmarin, Thymian und Oregano können auch schon in der Sauce mitschmoren.

Koch-
schule

So einfach geht es Schritt für Schritt

1. Fleisch zwischen 2 Folien flach klopfen.

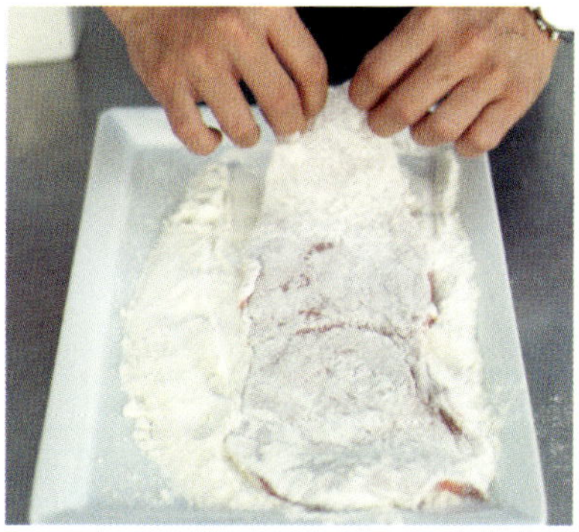

2. Schnitzel in Mehl wenden.

3. Überschüssiges Mehl abklopfen.

4. Öl bis zum Rauchpunkt erhitzen, Fleisch darin braten.

5. Fleisch herausnehmen, wenn es auf beiden Seiten gut gebräunt ist.

Rezept siehe Seite 58

Schnitzel

Grundrezept

Für 2 Portionen
Zubereitungszeit: 10 Minuten

2 Kalbschnitzel (à ca. 150 g)
Salz
Pfeffer
40 g Mehl
3 El Olivenöl

Außerdem: Klarsichtfolie

1. Schnitzel zwischen 2 Lagen Klarsichtfolie legen, vorsichtig mit einem Plattierer flach klopfen, salzen und pfeffern. In Mehl wenden, überschüssiges Mehl abklopfen. Mehl verhindert, dass Wasser vom Fleisch ins Fett gelangt: Die Fetttemperatur bleibt erhalten und das Fleisch wird braun.

2. Öl in einer großen Pfanne erhitzen. Fleisch darin portionsweise bei starker Hitze auf jeder Seite 1–2 Minuten braten und herausnehmen. Geben Sie ausreichend Fett in die Pfanne, damit das Schnitzel nicht ansetzt.

Pro Portion: 32 g E, 17 g F, 5 g KH = 310 kcal (1304 kJ)

Zitronenschnitzel

Für 2 Portionen
Zubereitungszeit: 30 Minuten

300 ml Kalbsfond
1 Bio-Zitrone
2 Kalbsschnitzel (à ca. 150 g)
Salz
Pfeffer
40 g Mehl
3 El Olivenöl
100 ml Weißwein
2 Zweige Rosmarin
2 El Kapern
1–2 Tl Speisestärke
1–2 Tl Zucker

Außerdem: Klarsichtfolie oder Gefrierbeutel (6 l Inhalt)

1. Kalbsfond offen auf 150 ml einkochen. Zitrone abwaschen, 2 Drittel der Zitrone in dünne Scheiben schneiden, den Rest beiseitelegen. Schnitzel zwischen 2 Lagen Klarsichtfolie oder in einen 6-l-Gefrierbeutel legen und vorsichtig flach klopfen. Mit Salz und Pfeffer würzen und in Mehl wenden. Das überschüssige Mehl einfach abklopfen.

2. In einer großen Pfanne das Olivenöl bis zum Rauchpunkt erhitzen. Die Schnitzel darin portionsweise bei starker Hitze auf jeder Seite 1–2 Minuten braten, dann herausnehmen. Den Bratensatz mit Weißwein ablöschen und kurz einkochen. Kalbsfond, Rosmarin und Zitronenscheiben zugeben und aufkochen. Kapern zugeben und die Sauce mit der in wenig kaltem Wasser gelösten Speisestärke binden.

3. Die Sauce mit Salz, Pfeffer und Zucker würzen. Von der restlichen Zitrone die Schale abreiben und in die Sauce geben. Schnitzel kurz in der Sauce erwärmen, dann mit der Sauce und den Zitronenscheiben anrichten.

Pro Portion: 35 g E, 17 g F, 14 g KH = 375 kcal (1570 kJ)

Schnitzel-Klassiker

Jägerschnitzel

Für 2 Portionen
Zubereitungszeit: 45 Minuten

10 g getrocknete Steinpilze
60 g durchwachsener Speck
2 Zwiebeln
350 g gemischte Pilze
50 g Mehl, 10 g weiche Butter
2 Stiele Thymian
1 El Tomatenmark
250 ml Rotwein
200 ml Kalbsfond
5 El Schlagsahne
Salz, Pfeffer, Zucker
2 Kalbsschnitzel (à 150 g)
2 El Butterschmalz
3 Stiele Petersilie

Außerdem: Küchenpapier, Klarsichtfolie oder Gefrierbeutel (6 l Inhalt)

1. Getrocknete Steinpilze 15 Minuten in 150 ml heißem Wasser einweichen, abtropfen lassen und das Einweichwasser aufbewahren. Steinpilze grob hacken. Speck fein würfeln und in einem flachen großen Topf bei mittlerer Hitze knusprig braten. Zwiebeln fein würfeln. Pilze putzen und in mundgerechte Stücke schneiden. 10 g Mehl und Butter verkneten.

2. Speck aus dem Topf nehmen und auf Küchenpapier abtropfen lassen. Zwiebeln im Bratfett bei starker Hitze unter Wenden andünsten. Frische Pilze und Thymian zugeben und andünsten. Steinpilze und Tomatenmark zugeben, unter Rühren anrösten. Mit Rotwein und Pilzeinweichwasser ablöschen und fast vollständig einkochen lassen. Mit Kalbsfond und Sahne auffüllen und aufkochen. Mehlbutter einrühren und mit Salz, Pfeffer und 1 Prise Zucker würzen. Speck dazugeben und warm halten.

3. Schnitzel wie im Grundrezept (siehe Seite 58) zubereiten. Butterschmalz in einer großen Pfanne erhitzen. Das Fleisch darin portionsweise bei starker Hitze auf jeder Seite 1–2 Minuten braten.

4. Petersilienblätter abzupfen und fein hacken. Schnitzel mit der Sauce anrichten. Mit der Petersilie bestreut sofort servieren.

Pro Portion: 47 g E, 45 g F, 26 g KH = 736 kcal (3080 kJ)

Zigeunerschnitzel

Für 2 Portionen
Zubereitungszeit: 50 Minuten

je 1 rote, gelbe und grüne Paprika
1 rote Spitzpaprika
3 Zwiebeln, 2 Knoblauchzehen
1 El Butter
2 Lorbeerblätter
1 El Tomatenmark
200 ml Weißwein
250 ml Kalbsfond
Salz, Pfeffer, Zucker
2 Kalbsschnitzel (à 150 g)
40 g Mehl, 2 El Butterschmalz
2–3 El Madeira

Außerdem: Küchentuch, Klarsichtfolie oder Gefrierbeutel (6 l Inhalt)

1. Paprikaschoten putzen, vierteln, entkernen und mit der Hautseite nach oben auf ein Backblech legen. Auf der 2. Schiene von oben unter dem vorgeheizten Backofengrill 10–12 Minuten grillen, bis die Haut schwarze Blasen wirft. Dann aus dem Ofen nehmen und mit einem feuchten Tuch bedecken oder in einen Gefrierbeutel geben und ausdämpfen lassen. Paprika häuten und in etwa 1 cm dünne Streifen schneiden. Spitzpaprika putzen und in ca. ½ cm dünne Ringe schneiden.

2. Zwiebeln und Knoblauch in dünne Scheiben schneiden. Butter in einem flachen Topf erhitzen. Zwiebeln, Knoblauch und Lorbeer darin glasig dünsten. Spitzpaprika zugeben und kurz mitdünsten. Tomatenmark zugeben und unter Rühren anrösten. Mit Weißwein ablöschen, den Wein fast vollständig einkochen lassen. Mit Kalbsfond auffüllen. Gegrillte Paprika zugeben und mit Salz, Pfeffer und 1 Prise Zucker würzen. Sauce in 5–10 Minuten sämig einkochen lassen.

3. Schnitzel wie im Grundrezept (siehe Seite 58) zubereiten. Butterschmalz in einer großen Pfanne erhitzen. Fleisch darin portionsweise bei starker Hitze auf jeder Seite 1–2 Minuten braten. Die Sauce nochmals mit Salz, Pfeffer, 1 Prise Zucker und Madeira würzen. Die Schnitzel mit der Sauce servieren.

Pro Portion: 39 g E, 13 g F, 25 g KH = 424 kcal (1773 kJ)

Schnitzel Stroganoff

Für 2 Portionen
Zubereitungszeit: 40 Minuten

- 10 g getrocknete Morcheln
- 80 g Schalotten
- 250 g braune Champignons
- 60 g Cornichons
- 2 Stiele Dill
- 2 El Öl
- 1 El Butter
- 250 ml Kalbsfond
- ½ Tl getrockneter Estragon
- 1 Tl Dijon-Senf
- 100 g Schmand
- Salz
- Pfeffer
- Zucker
- 1–2 Tl Speisestärke
- 2 Kalbsschnitzel (à ca. 150 g)
- 40 g Mehl
- 2 El Butterschmalz
- 2–3 El trockener Sherry

Außerdem: Küchenpapier, Klarsichtfolie oder Gefrierbeutel (6 l Inhalt)

1. Morcheln 20 Minuten in 100 ml warmem Wasser einweichen, anschließend abtropfen lassen. Das Einweichwasser durch ein mit Küchenpapier ausgelegtes Sieb gießen und aufbewahren. Die Morcheln können sandig sein: Beim Filtern bleibt der Sand im ausgelegten Sieb, und das Einweichwasser gibt dem Fond ein wunderbares Aroma. Morcheln je nach Größe halbieren oder vierteln. Schalotten fein würfeln. Champignons putzen und vierteln. Cornichons fein würfeln. Dillspitzen abzupfen und grob hacken.

2. Öl in einem großen flachen Topf erhitzen. Die Champignons darin 3–4 Minuten bei starker Hitze anbraten und herausnehmen. Butter im selben Topf erhitzen. Schalotten darin glasig dünsten. Morcheln zugeben und kurz mitdünsten. Einweichwasser und Kalbsfond zugießen, kurz einkochen. Pilze, Estragon, Senf und Schmand zugeben, mit Salz, Pfeffer und 1 Prise Zucker würzen. Mit der in wenig kaltem Wasser gelösten Stärke binden. Cornichons zugeben und warm halten.

3. Die Schnitzel zwischen 2 Lagen Klarsichtfolie (oder im Gefrierbeutel) vorsichtig flach klopfen und mit Salz und Pfeffer würzen. In Mehl wenden und das überschüssige Mehl abklopfen. Das Butterschmalz in einer großen Pfanne erhitzen. Das Fleisch bei starker Hitze portionsweise darin auf jeder Seite 1–2 Minuten braten.

4. Dillspitzen zur Sauce geben und mit Sherry würzen. Die Schnitzel mit der Sauce anrichten und servieren.

Pro Portion: 42 g E, 31 g F, 19 g KH = 542 kcal (2268 kJ)

Wie macht man eigentlich ...

Gulasch

GUT ZU WISSEN

Temperatur: Damit der Klimaschock für das Fleisch so gering wie möglich ist, nehmen Sie es mindestens 2 Stunden vor dem Garen aus dem Kühlschrank.

Vornehme Blässe: Das Fleisch wird nicht gebräunt, weil wir beim Schmorgericht nicht die Röststoffe, sondern den Fleischgeschmack bevorzugen.

Schmalz: *Es lässt sich hoch erhitzen und ist deshalb das ideale Bratfett. Je nach Rezept steuert Schmalz das passende Aroma bei: Gänse-, Schweine- oder Butterschmalz.*

Würze: Zwiebeln verwendet man reichlich. Sie geben Süße und Aroma und machen die Sauce herrlich sämig.

Deckelspiel: Um die Sauce – und damit die Aromen – zu konzentrieren, schmort das Gulasch einen Teil der Zeit mit halb geöffnetem Deckel.

So einfach geht es Schritt für Schritt

1. Gulaschfleisch in etwa 4 cm große Stücke schneiden.

2. Grob gewürfelte Zwiebeln im Bräter glasig dünsten.

3. Fleisch portionsweise mit den gedünsteten Zwiebeln anbraten.

4. Paprikapulver mit Essig verrühren und zugeben.

5. Tomatenmark in kochend heißem Wasser auflösen und angießen.

Rezept siehe Seite 66 oben

Gulasch

Grundrezept

Für 6–8 Portionen
Zubereitungszeit: 45 Minuten
Garzeit: 4 Stunden

1,5 kg Rinderwade (magerer Teil)
4 Gemüsezwiebeln (ca. 1,2 kg)
60 g Gänse- oder Schweineschmalz
4 Knoblauchzehen
Salz
1 gehäufter Tl Kümmelsaat
3 gehäufte Tl getrockneter Majoran
2 El edelsüßes Paprikapulver (20 g)
1 El rosenscharfes Paprikapulver (10 g)
6 El Weißweinessig
50 g Tomatenmark

1. Das Fleisch großzügig von Fett und Sehnen befreien und in 4 cm große Stücke (à ca. 40 g) schneiden. Fleisch abgedeckt beiseitestellen.

2. Zwiebeln grob würfeln. Schmalz in einem Bräter (Inhalt 6 l) erhitzen. Nehmen Sie einen großen flachen Bräter, um eine große Oberfläche zu haben. Die Zwiebeln bei mittlerer bis starker Hitze 15 Minuten glasig dünsten. Knoblauch fein hacken, kurz mitdünsten. Fleisch in 3 Portionen unterrühren und bei mittlerer bis starker Hitze jeweils 5 Minuten garen. Mit Salz, Kümmel und Majoran würzen.

3. Beide Sorten Paprikapulver mit dem Essig zu einer Paste verrühren und zum Gulasch geben.

4. Tomatenmark mit 600 ml kochend heißem Wasser verrühren, um es zu lösen und den Garprozess nicht zu unterbrechen. In den Bräter geben und zugedeckt aufkochen. Gulasch bei milder Hitze 1:30 Stunden schmoren. Durchrühren und halb zugedeckt weitere 2 Stunden schmoren, gelegentlich umrühren.

Pro Portion (bei 8 Portionen): 44 g E, 17 g F, 8 g KH = 365 kcal (1533 kJ)

Szelker Gulasch

Für 6–8 Portionen
Zubereitungszeit: 1:15 Stunden
Garzeit: 2:15 Stunden

600 g Schweineschulter
600 g Rinderschulter
250 g durchwachsener Speck
300 g Zwiebeln
2 Pk. Sauerkraut (à 520 g Füllmenge)
50 g Schweineschmalz
2 El edelsüßes Paprikapulver (20 g)
Salz
1 gehäufter Tl Kümmelsaat
12 Wacholderbeeren
1 Tl Zucker
200 g Saure Sahne
150 g Crème fraîche
5 Stiele Dill
rosenscharfes Paprikapulver zum Bestäuben

1. Das Fleisch großzügig von Fett und Sehnen befreien und in 4 cm große Stücke (à ca. 40 g) schneiden. Fleisch abgedeckt beiseitestellen. Speck in 1 cm breite Streifen schneiden. Zwiebeln würfeln. Sauerkraut in einem Sieb kräftig ausdrücken, ca. 200 ml Saft dabei auffangen.

2. Schmalz in einem großen Bräter (Inhalt 6 l) erhitzen. Zwiebeln und Speck darin bei mittlerer bis starker Hitze glasig dünsten. Paprikapulver kurz unterrühren. Fleisch in 2 Portionen unterrühren und bei mittlerer bis starker Hitze jeweils 5 Minuten braten. Mit Salz und Kümmel würzen.

3. Sauerkrautsaft und 600 ml kochend heißes Wasser zugeben, zugedeckt aufkochen. Gulasch bei milder Hitze halb zugedeckt 2 Stunden schmoren, gelegentlich umrühren. Wacholderbeeren mit der breiten Seite eines großen Messers andrücken. Mit Sauerkraut und Zucker untermischen und zugedeckt weitere 30 Minuten schmoren. Saure Sahne und Crème fraîche verrühren. Die Hälfte der Sahnemischung unter das Gulasch rühren.

4. Dillspitzen von den Stielen zupfen, fein hacken und mit der restlichen Sahnemischung verrühren. Mit Paprikapulver zum Gulasch servieren. Dazu passt Graubrot.

Pro Portion (bei 8 Portionen): 37 g E, 39 g F, 5 g KH = 520 kcal (2184 kJ)

Kalbsrahmgulasch mit Pilzen

Für 6–8 Portionen
Zubereitungszeit: 1:30 Stunden
Garzeit: 2 Stunden

1,5 kg Kalbsschulter (oder Kalbsnacken)
25 g getrocknete Steinpilze
2 Tl Pimentkörner
1 Möhre (ca. 60 g)
1 Stange Staudensellerie (ca. 40 g)
40 g Lauch
2 Lorbeerblätter
40 g Butterschmalz
Salz
Pfeffer
100 ml Wermut (z. B. Noilly Prat)
300 g Perlzwiebeln
300 g kleine Champignons
300 ml Schlagsahne
2 El Zitronensaft
6 Stiele krause Petersilie
2 Tl fein abgeriebene Bio-Zitronenschale

Außerdem: Küchengarn

1. Fleisch großzügig von Fett und Sehnen befreien und in 4 cm große Stücke (à ca. 40 g) schneiden. Steinpilze in 500 ml kochend heißem Wasser einweichen. Kochend heiß nehmen die Pilze die Flüssigkeit sofort auf. Piment in einem Mörser fein zerstoßen. Möhre schälen, Sellerie und Lauch putzen. Zusammen mit den Lorbeerblättern mit Küchengarn zusammenbinden.

2. 30 g Butterschmalz in einem großen flachen Bräter (Inhalt 6 l) erhitzen. Fleisch darin in 3 Portionen bei mittlerer bis starker Hitze jeweils 6 Minuten hellbraun anbraten und herausheben. Alle Portionen Fleisch zurück in den Bräter geben und mit Piment, Salz und Pfeffer würzen. Mit Wermut ablöschen und aufkochen. Steinpilze ausdrücken, Flüssigkeit dabei auffangen. Steinpilzwasser vorsichtig (ohne den Bodensatz) zum Fleisch geben. Dafür keinen Filter verwenden, weil es bei 500 ml zu lange dauert. Die Pilze hacken, mit dem Gemüsebündel dazugeben und aufkochen.

3. Gulasch bei milder Hitze zugedeckt 1:15 Stunden schmoren, dabei gelegentlich umrühren. Die Perlzwiebeln 15 Minuten in lauwarmem Wasser einweichen, damit sie sich einfacher schälen lassen. Perlzwiebeln schälen, unterheben und weitere 45 Minuten schmoren.

4. Champignons putzen. 200 ml Sahne zum Gulasch geben. Die restliche Sahne steif schlagen, das macht das Gulasch luftiger. Das restliche Butterschmalz in einer großen beschichteten Pfanne erhitzen. Champignons darin bei mittlerer bis starker Hitze 5 Minuten braten. Mit Zitronensaft, Salz und Pfeffer würzen. Pilze zum Gulasch geben, Gemüsebündel entfernen. Petersilienblätter abzupfen, fein hacken und mit der Zitronenschale unter das Gulasch mischen. Geschlagene Sahne unterheben und servieren. Dazu passen z.B. Spätzle.

Pro Portion (bei 8 Portionen): 40 g E, 27 g F, 6 g KH = 430 kcal (1806 kJ)

Schichtgulasch aus dem Ofen

Für 6–8 Portionen
Zubereitungszeit: 1:15 Stunden
Garzeit: 2:30 Stunden

40 g Gänseschmalz
1,5 kg Rindernacken
2 Tl Koriandersaat
1 Tl schwarze Pfefferkörner
Salz
4 Knoblauchzehen
10 Stiele Thymian (8 g)
4 Tl fein abgeriebene Bio-Zitronenschale
2 El edelsüßes Paprikapulver (20 g)
1 El rosenscharfes Paprikapulver (10 g)
2 grüne Paprikaschoten
2 rote Paprikaschoten
3 Gemüsezwiebeln (ca. 1 kg)
800 g Kartoffeln

1. Einen großen Bräter (Inhalt 6 l) mit dem Schmalz ausstreichen. Fleisch großzügig von Fett und Sehnen befreien und in 4 cm große Stücke (à ca. 40 g) schneiden. Koriander, Pfeffer und 4 Tl Salz in einem Mörser fein zerstoßen. Knoblauch fein hacken. Thymianblättchen abzupfen und grob hacken. Knoblauch, Thymian, 3 Tl Zitronenschale und beide Paprikapulver untermischen.

2. Backofen auf 250 Grad vorheizen (Gas 5, Umluft nicht empfehlenswert). Paprika putzen, vierteln und entkernen. Viertel der Länge nach halbieren und in 3 cm große Stücke schneiden. Zwiebeln vierteln und quer in ½ cm dicke Scheiben schneiden. Kartoffeln schälen und in ½ cm dicke Scheiben schneiden.

3. Jeweils die Hälfte von Fleisch, Paprika, Zwiebeln und Kartoffeln in den Bräter schichten. Dazwischen mit der Würzmischung bestreuen. Vorgang wiederholen. 250 ml kochend heißes Wasser angießen und den Bräter schließen. Schichtgulasch auf dem Rost auf der untersten Schiene 1:30 Stunden garen.

4. Schichtgulasch vorsichtig mischen und weitere 30 Minuten zugedeckt schmoren. Backofen ausschalten und das Gulasch weitere 30 Minuten im Ofen ruhen lassen. Die Hitze von Ofen und Bräter reicht aus, um das Gulasch zu Ende zu garen. Restliche Zitronenschale untermischen und servieren.

Tipp Koriandersaat und Zitronenschale ergänzen sich perfekt. Wer keinen Koriander mag, kann stattdessen Kümmel verwenden.

Pro Portion (bei 8 Portionen): 40 g E, 23 g F, 22 g KH = 465 kcal (1953 kJ)

Wildschweingulasch mit Petersilienwurzeln

Für 4 Portionen
Zubereitungszeit: 45 Minuten
Garzeit: 2:30 Stunden

Wildschweingulasch

1 kg Wildschweinfleisch (aus der Schulter; beim Wildhändler vorbestellen)
1 El Wacholderbeeren
1 Tl Piment
1 El edelsüßes Paprikapulver
Salz
500 g Schalotten
6 El Öl
20 g Butter
1 El Tomatenmark
300 ml Rotwein
400 ml Wildfond
3 El Wildpreiselbeeren
2–3 El Aceto balsamico
Pfeffer

Kartoffelstampf und Petersilienwurzeln

800 g Kartoffeln
Salz
600 g schlanke Petersilienwurzeln
50 g Butter
100–150 ml Mineralwasser mit Kohlensäure
Muskat
100–150 ml Schlagsahne
3 Stiele glatte Petersilie

1. Fleisch in 40–50 g schwere Würfel schneiden. Wacholder und Piment in einer Pfanne erhitzen und im Mörser fein mahlen. Fleisch mit Paprika, Wacholder und Piment gut vermengen und 20 Minuten ruhen lassen. Mit Salz würzen.

2. Schalotten halbieren oder vierteln. 3 El Öl im gusseisernen Bräter erhitzen, Fleisch bei mittlerer bis starker Hitze in 2 Portionen 2–3 Minuten rundum anbraten, herausnehmen. Öl aus dem Bräter entfernen. Restliches Öl hineingeben, Schalotten 3–4 Minuten kräftig braten. Butter zugeben und 1 Minute weiterbraten. Fleisch unterrühren. Tomatenmark zugeben, 30 Sekunden unter Rühren mitrösten. Mit 100 ml Rotwein ablöschen und stark einkochen, Vorgang zweimal wiederholen. Mit Fond und 300 ml Wasser auffüllen, zugedeckt im vorgeheizten Backofen bei 180 Grad (Gas 2–3, Umluft nicht empfehlenswert) auf der 2. Schiene von unten 2 Stunden garen, gelegentlich umrühren. Temperatur auf 160 Grad reduzieren (Gas 1–2), offen weitere 30 Minuten garen.

3. Inzwischen Kartoffeln waschen, ungeschält in Salzwasser ca. 20 Minuten garen. Abgießen, ausdämpfen lassen, noch warm pellen und feucht abgedeckt beiseitestellen. Petersilienwurzeln putzen, schälen und schräg in ca. 1 cm dicke Scheiben schneiden. 10 g Butter in einem Topf zerlassen, Wurzeln darin bei mittlerer Hitze 2 Minuten andünsten. Mit Mineralwasser ablöschen, zugedeckt bei milder Hitze 10–12 Minuten leicht knackig garen.

4. Kartoffeln in einer Schüssel mit dem Stampfer zerdrücken, leicht mit Salz und Muskat würzen. 20 g Butter in einer großen beschichteten Pfanne zerlassen, Kartoffelmasse hineingeben, gleichmäßig verteilen, leicht andrücken und bei mittlerer bis starker Hitze in 6–8 Minuten goldbraun braten. Mithilfe des Deckels wenden und mit der restlichen Butter weitere 3–4 Minuten braten. Sahne zu den Petersilienwurzeln geben, Hitze erhöhen und sämig einkochen lassen, mit Salz würzen.

5. Gulasch herausnehmen, Preiselbeeren und Essig unterrühren, eventuell mit Salz und Pfeffer würzen. Petersilienblätter abzupfen und fein schneiden. Kartoffelfladen in Stücke zupfen, mit Gulasch und Petersilienwurzeln auf vorgewärmten Tellern mit Petersilie bestreut servieren.

Pro Portion: 63 g E, 60 g F, 47 g KH = 1009 kcal (4239 kJ)

Wie macht man eigentlich ...

Brathähnchen

GUT ZU WISSEN

Der Pinsel: Greifen Sie zu einem Pinsel mit möglichst langem Stiel, damit Sie sich beim Bestreichen der Hähnchen im Ofen nicht die Hand verbrennen.

Die Geflügelschere: Ideal ist ein Modell aus Edelstahl. Die Klingen bleiben lange scharf, und die Schere schneidet mit Federdruck problemlos durch Fleisch und Knochen. Und: Zum Reinigen lässt sie sich komplett auseinandernehmen.

***Die Garprobe:** Hähnchen immer gut durchgegart servieren. Zur Probe an der dicksten Fleischstelle mit einem Zahnstocher bis auf den Knochen einstechen. Läuft klarer Fleischsaft aus, ist das Hähnchen gar. Ist die Flüssigkeit noch rosa oder blutig, muss das Hähnchen wieder in den Ofen.*

Der Fleischsaft: Das Hähnchen wird besonders zart und saftig, wenn es nach dem Braten noch einige Minuten ruht.

Koch-
schule

So einfach geht es Schritt für Schritt

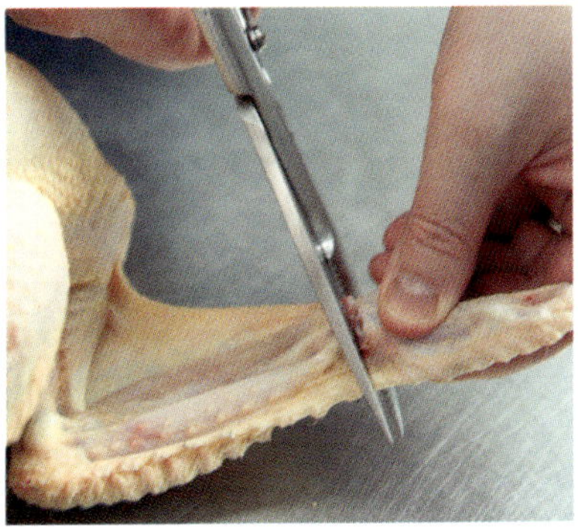

1. Flügelspitzen abschneiden.

2. Hähnchen mit Zwiebeln und Knoblauch füllen.

3. Rundherum mit Paprika-Butterschmalz bestreichen.

4. Hähnchen großzügig salzen …

5. … und beim Braten immer wieder mit Fett bestreichen.

Rezept siehe Seite 76

Brathähnchen – der Klassiker

Für 4 Portionen
Zubereitungszeit: 15 Minuten
Garzeit: 1:30 Stunden

2 Bio-Maishähnchen (à ca. 1,5 kg)
Salz
Pfeffer
1 große Zwiebel (100 g)
1 junge Knoblauchknolle (60 g)
60 g Butterschmalz
1 gehäufter Tl edelsüßes Paprikapulver
650 g mittelgroße festkochende Kartoffeln
1 El Rapskernöl

1. Die Flügelspitzen abschneiden, damit sie beim Braten nicht verbrennen. Dann die Bürzel der Hähnchen entfernen – beides geht am besten mit einer Geflügelschere. Anschließend die Bauchhöhlen der Hähnchen mit Salz und Pfeffer einreiben.

2. Zwiebel vierteln, die Viertel quer halbieren. Knoblauch in 8 Spalten schneiden. Zwiebeln und Knoblauch in die Bauchhöhle geben – so bekommen die Hähnchen ein tolles Aroma. Dann das Butterschmalz bei milder Hitze zerlassen und von der Kochstelle nehmen. Jetzt erst das Paprikapulver darunterrühren, damit es nicht verbrennt und bitter wird. Das Hähnchen mit der Brust nach oben in ein tiefes Backblech legen, mit einem Pinsel rundherum mit der Butterschmalz-Mischung bestreichen und salzen. Im vorgeheizten Backofen bei 150 Grad (Gas 1, Umluft 140 Grad) auf der 2. Schiene von unten 20 Minuten braten.

3. Inzwischen die Kartoffeln waschen und mit einer Gemüsebürste schrubben. Dann trocken tupfen, halbieren und mit Öl und Salz mischen – so nehmen sie die Aromen besser auf.

4. Kartoffeln mit der Schnittfläche nach oben um die Hähnchen herum verteilen. Die Ofentemperatur auf 180 Grad (Gas 2–3, Umluft 160 Grad) hochschalten und weitere 45 Minuten braten. Die Hähnchen dabei ab und zu mit der restlichen Butterschmalz-Mischung oder dem Bratfett bestreichen, damit sie intensiver schmecken und die Haut schön knusprig wird.

5. Temperatur auf 210 Grad (Gas 3–4, Umluft 190 Grad) hochschalten. Weitere 15 Minuten braten, dann im ausgeschalteten Ofen 5–10 Minuten ruhen lassen. Hähnchen mit einer Geflügelschere halbieren und mit den Ofenkartoffeln anrichten.

Spezialsalat zum Brathähnchen 1 Kopfsalat waschen und putzen. Blätter mundgerecht zerzupfen. Für das Dressing 1 frisches Bio-Eigelb mit 1 Tl scharfem Senf verrühren. Mit 3 El Aceto balsamico bianco, Salz und Cayennepfeffer würzen. 5 El kalt gepresstes Olivenöl unterrühren. 2 Sardellenfilets fein hacken und mit 2 El Schnittlauch unters Dressing rühren.

Pro Portion: 99 g E, 50 g F, 20 g KH = 954 kcal (4000 kJ)

Rotes Brathähnchen-Curry

Für 4 Portionen
Zubereitungszeit: 30 Minuten
Garzeit: 15 Minuten

½ Grill- oder Brathähnchen (ca. 600 g, siehe Brathähnchen-Klassiker Seite 76)
300 g Ananas
1 rote Chilischote
2 Stangen Zitronengras
3 Schalotten
20 g frische Galgantwurzel (ersatzweise Ingwer)
150 g Zuckerschoten
10 Kirschtomaten
1 El Sonnenblumenöl
2–3 El rote Currypaste (Asia-Laden)
8 Kaffirlimettenblätter (Asia-Laden)
1 Bund Thai-Basilikum
400 ml Kokosmilch
200 g Aubergine
12 Lychees (Dose)
3–4 El Fischsauce
1–2 El Limettensaft

1. Hähnchenfleisch mit der Haut von den Knochen lösen und in mundgerechte Stücke schneiden. Ananas schälen, vierteln, den Strunk entfernen. Viertel in ca. 3 cm große Stücke schneiden. Chili längs einritzen. Zitronengras putzen, waschen und mit dem Messerrücken flach klopfen. Schalotten fein würfeln. Galgant schälen und in dicke Scheiben schneiden. Zuckerschoten putzen und waschen. Kirschtomaten waschen und halbieren.

2. Öl in einer großen Pfanne (oder einem großen Topf) erhitzen. Zitronengras, Schalotten und Galgant darin glasig dünsten. Currypaste zugeben und kurz mitdünsten. Chili, Kaffirblätter, 2 Stiele Thai-Basilikum und Kokosmilch zugeben und aufkochen lassen. Die Sauce bei milder Hitze 10 Minuten leicht einkochen.

3. Inzwischen die Aubergine putzen und in ca. 2 cm große Würfel schneiden. Aubergine zugeben und 5 Minuten garen. Lychees abgießen, 100 ml Lycheewasser auffangen. Lychees, Ananas, Lycheewasser und Tomaten zugeben, weitere 2–3 Minuten garen. Mit 2–3 El Fischsauce abschmecken. Zum Schluss Zuckerschoten und Fleisch zugeben und in der Sauce erwärmen. Mit Limettensaft und restlicher Fischsauce abschmecken. Die restlichen Thai-Basilikumblätter abzupfen. Das Curry mit Thai-Basilikumblättern bestreut servieren. Dazu passt Reis.

Pro Portion: 27 g E, 45 g F, 27 g KH = 634 kcal (2654 kJ)

Hähnchen-Brotaufstrich

Für 4 Portionen
Zubereitungszeit: 20 Minuten
Marinierzeit: 30 Minuten

2 Eier (Kl. M)
100 g gegartes Hähnchenfleisch (ohne Haut)
½ Apfel (ca. 75 g)
2 El Zitronensaft
5 Radieschen (75 g)
½ Bund Schnittlauch (10 g)
100 g Delikatess-Mayonnaise
2 Tl Curry-Pulver
Salz
Pfeffer
½ Beet Gartenkresse

1. Eier anstechen, in 10 Minuten hart kochen, dann abschrecken und pellen. Eier klein hacken. Hähnchenfleisch sehr fein würfeln. Apfel halbieren und das Kerngehäuse entfernen. Apfel in ½ cm große Würfel schneiden und sofort mit dem Zitronensaft mischen. Radieschen putzen, waschen und fein würfeln. Schnittlauch in Röllchen schneiden.

2. Mayonnaise und Curry verrühren. Eier, Hähnchen, Apfel, Radieschen und Schnittlauch untermischen und kräftig mit Salz und Pfeffer würzen. Aufstrich zugedeckt 30 Minuten. Durchziehen lassen.

3. Kresse vom Beet schneiden. Den Aufstrich mit Kresse anrichten. Dazu passt Vollkorn-Baguette.

Pro Portion: 10 g E, 24 g F, 4 g KH = 278 kcal (1163 kJ)

Wie macht man eigentlich ...

Kalbshaxe

GUT ZU WISSEN

Kräftiger wird die Sauce, wenn Sie zusätzlich ein paar Kalbsknochen mit der Haxe zusammen anbraten.

Aus dem Bräter heben lässt sich die Haxe besonders gut, indem Sie eine Gabel in die Knochenöffnung stecken.

***Binden Sie die Sauce** zuerst mit Stärke, dann mit Butter. So gerinnt die Butter nicht, wenn Sie die Sauce am nächsten Tag wieder aufkochen.*

Für die Garprobe drücken Sie mit einem Löffel auf das Fleisch: Fühlt es sich schön weich an, ist es gar. Oder Sie ziehen das Fleisch mit dem Löffel vom Knochen: Es ist gar, wenn es sich gut lösen lässt.

Das Knochenmark können Sie am Ende der Garzeit mit einem Löffel aus dem Knochen schaben, unter die kochende Sauce pürieren und durch ein feines Sieb streichen. Das hebt den Eigengeschmack und bindet die Sauce zusätzlich.

Koch-
schule

So einfach geht es Schritt für Schritt

1. Gemüse anbraten und mit Wein ablöschen.

2. Die angebratene Kalbshaxe mit Gewürzen wieder in den Bräter geben.

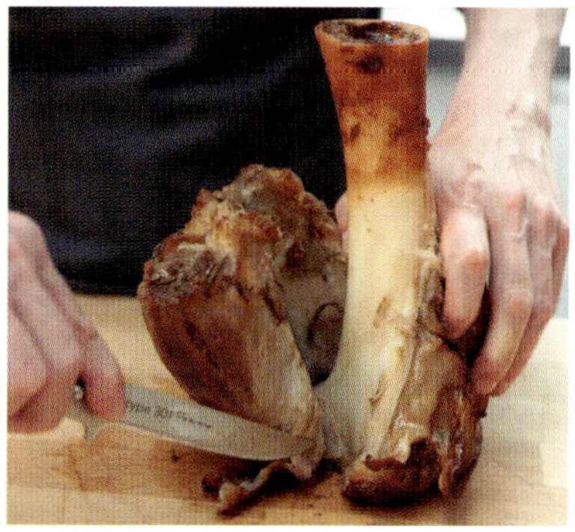

3. Das Fleisch vom Knochen schneiden.

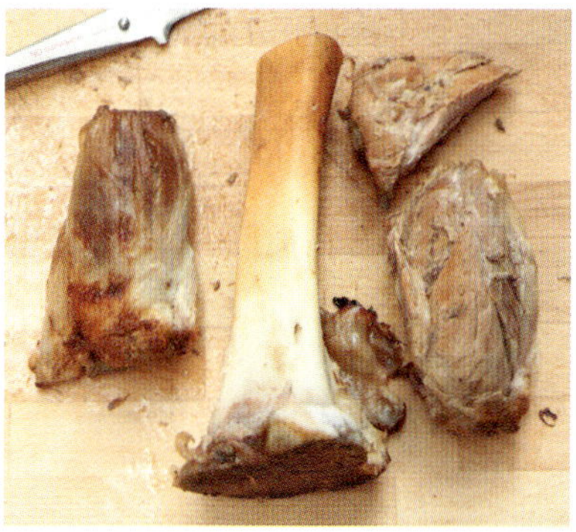

4. Haut, Fett, die dicke Sehne und Knorpel entfernen.

5. Zum Schluss das Fleisch in Scheiben schneiden.

Rezept siehe Seite 84

Geschmorte Kalbshaxe – der Klassiker

Für 6 Portionen
Zubereitungszeit: 50 Minuten
Garzeit: 4:30 Stunden

3 El Fenchelsaat
10 El Olivenöl
4 kleine Knoblauchzehen (von jungem Knoblauch)
Salz
300 g weiße Zwiebeln
120 g Möhren
200 g Staudensellerie
150 g Butter
1 Kalbshaxe (ca. 2 kg)
Pfeffer
300 ml Weißwein
1 Gewürznelke
3 Lorbeerblätter
8 Zweige Rosmarin
400 ml Kalbsfond
1 Tl Speisestärke

Außerdem: Alufolie

1. Fenchelsaat in einer beschichteten Pfanne ohne Fett rösten. Fenchelsaat abkühlen lassen, leicht andrücken und mit 4 El Öl im Mörser zerreiben. Knoblauch in feine Scheiben schneiden und mit 1 Prise Salz und 1 El Öl zu einer feinen Paste zerdrücken. Zwiebeln in feine Streifen schneiden. Möhren putzen, schälen und fein würfeln. Sellerie entfädeln und ebenfalls fein würfeln. 100 g Butter in kleine Würfel schneiden und einfrieren.

2. 2–3 El Öl und die restliche Butter in einem Bräter erhitzen. Die Kalbshaxe darin bei milder Hitze 5–6 Minuten rundum braten, mit Salz und Pfeffer würzen und herausnehmen. Kalbshaxe mit dem Fenchelsaatöl einpinseln. Restliches Olivenöl in den Bräter geben, Zwiebeln darin 5–6 Minuten braten. Möhren und Sellerie zugeben und weitere 5–6 Minuten braten. Mit Wein ablöschen und stark einkochen. Knoblauchpaste, Nelke, Lorbeer und 3 Rosmarinzweige mit der Haxe in den Bräter geben und mit 400 ml kaltem Wasser und dem Fond auffüllen. Kalbshaxe zugedeckt im vorgeheizten Backofen auf der 2. Schiene von unten bei 160 Grad (Gas 1–2, Umluft nicht empfehlenswert) 4–4:30 Stunden garen, dabei ab und zu mit dem Fond begießen. Nach 3 Stunden den Deckel entfernen. 30 Minuten vor Ende der Garzeit den restlichen Rosmarin grob zerschneiden und zugeben. Wenn sich das Fleisch ganz leicht vom Knochen lösen lässt, ist die Kalbshaxe gar.

3. Bräter aus dem Backofen nehmen, Kalbshaxe in Alufolie einwickeln und im ausgeschalteten Ofen warm halten. Sauce durch ein feines Sieb in einen Topf gießen und gut durchdrücken (ergibt 350 ml). Am einfachsten ist es, die Sauce anschließend zum Entfetten in ein Fettkännchen zu geben.

4. Die Sauce einmal aufkochen, dann auf 300 ml einkochen. Erst jetzt, wenn es nötig ist, mit etwas Salz nachwürzen. Sauce mit der in wenig Wasser angerührten Speisestärke binden und 2–3 Minuten schwach kochen lassen. Die Sauce vor dem Servieren nochmals aufkochen, dann die gefrorene Butter nach und nach mit einem Schneebesen unter Rühren zugeben.

5. Haxe aus der Folie nehmen und das Fleisch vom Knochen lösen. Das Fleisch vor dem Tranchieren sorgfältig putzen: dazu Haut, Fett, die dicke Sehne oder Knorpel entfernen. Dann die Haxenstücke quer in Scheiben schneiden und mit etwas Sauce auf vorgewärmten Tellern servieren. Dazu passt Romanesco mit Sardellenbutter und gebratene Kartoffeln.

Tipp Wenn Sie es deftig mögen, probieren Sie die bayerische Variante: Nehmen Sie Kümmel statt mediterraner Kräuter und 300 ml Malzbier statt Wein: Es hat einen deutlichen Karamellgeschmack, wird aber beim Kochen nicht bitter.

Pro Portion: 54 g E, 39 g F, 1 g KH = 593 kcal (2478 kJ)

Marinierte Kalbshaxenscheiben mit Radieschen und Erbsen

Für 4 Portionen
Zubereitungszeit: 20 Minuten
Garzeit: 20–30 Minuten

5 El Weißweinessig
Salz
3–4 El Olivenöl
3–4 El Traubenkernöl
Pfeffer
240 g weiße Zwiebeln
150 g Radieschen
250 g grüner Spargel
400 g Erbsenschoten (ca. 100 g Erbsen gepalt)
400 g Kalbshaxenfleisch (siehe Grundrezept Seite 84)

Außerdem: Alufolie

1. Essig und Salz in einer Schüssel verrühren, Oliven- und Traubenkernöl unterrühren und mit Pfeffer würzen. Zwiebeln in feine Streifen schneiden und 10 Sekunden in kochendem Salzwasser blanchieren. Zwiebeln in ein Sieb gießen, abschrecken und gut abtropfen lassen. Radieschen putzen, waschen und in einem Sieb abtropfen lassen. Spargel im unteren Drittel schälen und die Enden abschneiden. Spargel 5–6 Minuten in kochendem Salzwasser leicht bissfest garen. Erbsen aus den Schoten palen, in kochendem Salzwasser 3 Minuten garen, in ein Sieb gießen, abschrecken und abtropfen lassen. Spargelstangen in je 3–4 Stücke schneiden.

2. Kalbsfleisch quer in feine Scheiben schneiden und in eine Auflaufform legen. Fleischscheiben mit der Marinade beträufeln. Mit Alufolie bedeckt im Backofen bei 100 Grad (Gas 1, Umluft nicht empfehlenswert) 20–30 Minuten erwärmen. Dabei wird das Fleisch weicher und die Marinade zieht besser ins Fleisch.

3. Das Fleisch aus dem Backofen nehmen und die Folie entfernen. Auf vorgewärmte Teller legen, mit der Marinade, Zwiebeln, Radieschen, Spargel und Erbsen anrichten und servieren.

Tipp Wenn Sie die Zwiebeln blanchieren, sind sie milder im Geschmack und dominieren das Gericht nicht zu sehr.

Pro Portion: 30 g E, 20 g F, 7 g KH = 336 kcal (1405 kJ)

Geröstete Kalbshaxe mit Rührei und Kresse

Für 4 Portionen
Zubereitungszeit: 20 Minuten
Garzeit: 6 Minuten

- 200 g Kalbshaxenfleisch (siehe Grundrezept Seite 84)
- 4 Eier (Kl. M)
- ½ Beet Kresse
- 40 g frischer Meerrettich
- 40 g Butter
- schwarzer Pfeffer
- 1–2 Spritzer alter Aceto balsamico
- 4 Scheiben Bauernbrot
- 4 Tl Senf

1. Kalbshaxenfleisch in kleine Würfel schneiden. Eier mit einer Gabel in einer Schale verquirlen. Kresse vom Beet schneiden. Meerrettich schälen und in ein feuchtes Küchentuch wickeln.

2. 20 g Butter in einer Pfanne schmelzen und das Kalbsfleisch darin 5–6 Minuten bei mittlerer Hitze braten, dann leicht mit Pfeffer würzen. Mit Aceto balsamico beträufeln, schwenken und zwischen 2 tiefen Tellern warm halten.

3. Restliche Butter in einer Pfanne schmelzen. Eier zugeben, bei milder Hitze leicht stocken lassen, dabei mit einem Silikonspatel verrühren. Brot mit etwas Senf bestreichen, Rührei und Fleisch auf den Scheiben verteilen. Kresse darübergeben und bei Tisch den Meerrettich frisch über das Brot reiben. Wer es exotischer mag, bestreicht das Brot statt mit Senf mit fein geriebenem Ingwer.

Pro Portion: 24 g E, 17 g F, 23 g KH = 350 kcal (1462 kJ)

Wie macht man eigentlich …

Tafelspitz

GUT ZU WISSEN

Erkennungsdienst: Tafelspitz wird aus dem oberen Schwanzstück vom Rind geschnitten. Man erkennt ihn an der zarten Fettschicht, die eine Seite überzieht. Diese Schicht nicht entfernen, sie hält das Fleisch saftig und liefert Aroma.

Zwiebeltrick: Damit die Brühe eine schöne goldene Farbe bekommt, eine ungepellte Zwiebel halbieren, auf den Schnittflächen auf ein Stück Alufolie legen und in einer Eisenpfanne kräftig anrösten.

***Topfrechnen:** Der Topf sollte möglichst groß und breit sein, damit der Tafelspitz in der Brühe „schweben" kann.*

Würzwissen: Salz muss unbedingt schon an die Brühe, bevor der Tafelspitz hineinkommt – ungesalzene Brühe laugt das Fleisch aus.

Restposten: Übrig gebliebenen Tafelspitz in der Brühe aufbewahren. Innerhalb von zwei Tagen verbrauchen.

Koch-
schule

So einfach geht es Schritt für Schritt

1. Zwiebelhälften auf Alufolie ohne Fett anrösten.

2. Markknochen, Zwiebel und Gewürze zusammen aufkochen.

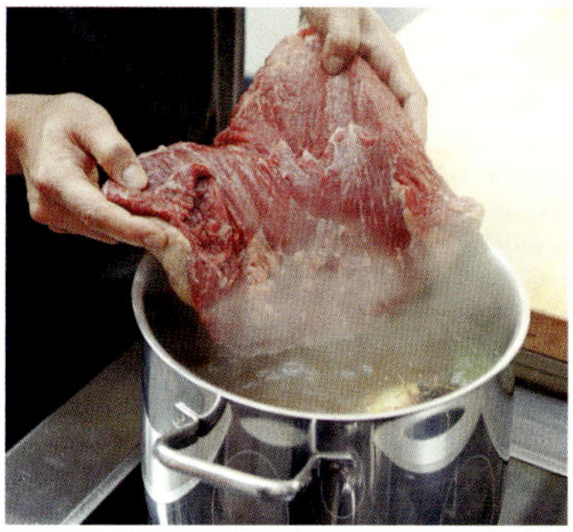

3. Tafelspitz vorsichtig in die kochende Brühe gleiten lassen.

4. Den gekochten Tafelspitz aus der Brühe heben.

5. Brühe durch das mit einem Mulltuch ausgelegte Sieb gießen.

Rezept siehe Seite 92

Tafelspitz

Grundrezept

Für 4–6 Portionen
Zubereitungszeit: 30 Minuten
Garzeit: 2:30 Stunden

1 kleine Gemüsezwiebel
600 g Rindermarkknochen
Salz
20 schwarze Pfefferkörner
2 Lorbeerblätter
2 Gewürznelken
4 Pimentkörner
1,2 kg Tafelspitz
600 g Suppengemüse (Sellerie, Petersilienwurzel, Lauch, Möhre)
3 Stiele Petersilie

1. Zwiebel ungeschält quer halbieren und in einer Pfanne auf einem Stück Alufolie ohne Fett auf den Schnittflächen dunkelbraun rösten. Markknochen unter fließendem kalten Wasser waschen und abtropfen lassen. Zwiebel, 2 El Salz, Pfeffer, Lorbeer, Nelken, Piment und Knochen in einen Topf geben, 4 l Wasser zugießen und aufkochen. Tafelspitz hineinlegen und offen 2–2:30 Stunden sieden lassen. Brühe ab und zu abschäumen.

2. Gemüse putzen, schälen und längs vierteln. Gemüse und Petersilie mit Küchengarn zusammenbinden. Das Gemüse nach 1 Stunde dazugeben.

3. Gemüse, Knochen und Fleisch aus dem Fond heben. Den Fond durch ein mit einem Mulltuch ausgelegtes feines Sieb gießen. Das Mulltuch mit Wasser anfeuchten, damit es nicht die kostbare Brühe aufsaugt. Den Tafelspitz bis kurz vor dem Servieren im Fond warm halten. Dazu passen zum Beispiel Meerrettichsauce, Salzkartoffeln und gedünstetes Gemüse.

Pro Portion (bei 6 Portionen): 41 g E, 8 g F, 0 g KH = 242 kcal (1014 kJ)

Tafelspitz mit Meerrettichsauce

Für 4 Portionen
Zubereitungszeit: 45 Minuten

1 Schalotte
40 g Butter
1 Lorbeerblatt
20 g Mehl
800 ml Tafelspitzfond (siehe Grundrezept oben)
250 ml Schlagsahne
120 g Knollensellerie
120 g Möhren
100 g Lauch
Salz
Pfeffer
Muskat
Zucker
1 El Zitronensaft
4–5 El Meerrettich (Glas)
½ Bund Schnittlauch
1,2 kg gegarter Tafelspitz (siehe Grundrezept oben)

1. Schalotte fein würfeln. 30 g Butter in einem Topf erhitzen. Schalotte und Lorbeer darin ohne Farbe andünsten. Mehl einrühren und bei milder Hitze 5–6 Minuten anschwitzen, ohne dass sich Röststoffe bilden. 600 ml Tafelspitzfond zugeben und aufkochen. Sahne dazugießen und bei milder Hitze 20 Minuten kochen lassen.

2. Inzwischen Sellerie und Möhren schälen und in 5 mm große Würfel schneiden. Lauch putzen, längs halbieren, waschen und das Weiße und Hellgrüne in 5 mm große Stücke schneiden. Alles in der restlichen Butter andünsten (das Gemüse soll keine Farbe annehmen). Restlichen Fond zugießen und offen 6–8 Minuten bei milder Hitze bissfest garen. Wer es etwas weniger bissfest mag, verlängert die Garzeit um 2–3 Minuten. Mit Salz, Pfeffer und Muskat abschmecken.

3. Sauce mit Salz, Pfeffer, 1 Prise Zucker und Zitronensaft abschmecken und durch ein feines Sieb gießen. Dadurch wird die Sauce schön glatt und samtig – und garantiert klümpchenfrei. Meerrettich erst kurz vor dem Servieren unterrühren.

4. Schnittlauch in feine Röllchen schneiden. Den heißen Tafelspitz in dünne Scheiben schneiden und mit der Meerrettichsauce und dem Gemüse anrichten. Mit den Schnittlauchröllchen bestreut servieren. Dazu passen Salzkartoffeln.

Pro Portion: 64 g E, 40 g F, 10 g KH = 676 kcal (2834 kJ)

Tafelspitzsülze

Für 4 Portionen
Zubereitungszeit: 35 Minuten
Kühlzeit: mindestens 6 Stunden

80 g Möhren
80 g Knollensellerie
80 g Lauch
1 kleine Zwiebel
700 ml Tafelspitzfond (siehe Grundrezept Seite 92)
1 Lorbeerblatt
2 Stiele Petersilie
120 ml Weißweinessig
Zucker
Salz
1 El helle Senfsaat
10 Blatt weiße Gelatine
Pfeffer
8 Kirschtomaten
6 Cornichons
2 Eier (Kl. M; hart gekocht)
200 g gegarter Tafelspitz (siehe Grundrezept Seite 92)

1. Möhren und Sellerie schälen und sehr fein würfeln. Lauch putzen, waschen und das Weiße und Hellgrüne sehr fein würfeln. Zwiebel in Ringe schneiden. Tafelspitzfond mit Lorbeer, Petersilie, Essig, 2 El Zucker und 1½ El Salz aufkochen und 5 Minuten ziehen lassen. Die Essig- und Gewürzmengen hören sich viel an, stimmen aber. Gerichte mit Gelatine müssen immer sehr kräftig abgeschmeckt werden, da die Gelatine Aromen schluckt.

2. Kräuter entfernen. Senfsaat, Möhren und Sellerie in den Fond geben und 5 Minuten bissfest garen. Zwiebel und Lauch zugeben und kurz mitgaren. Gelatineblätter in kaltem Wasser einweichen. Gelatine ausdrücken, im Fond auflösen. Mit Salz, Pfeffer und Zucker abschmecken.

3. Tomaten waschen, halbieren, Cornichons in feine Scheiben schneiden. Eier längs halbieren. Tafelspitz fein würfeln. Auf 4 Schalen (à ca. 250 ml) verteilen. Fond und Gemüse in die Schalen geben. Abkühlen lassen. Die Sülze mindestens 6 Stunden (besser über Nacht) abgedeckt kalt stellen. Dazu passen Bratkartoffeln.

Tipp Die Sülze lässt sich auch stürzen. Dazu vorher den Rand mit einem spitzen Messer lösen.

Pro Portion: 24 g E, 6 g F, 5 g KH = 174 kcal (727 kJ)

Tafelspitz-Wan-Tan

Für 4 Portionen
Zubereitungszeit: 45 Minuten

- 20 TK-Wan-Tan-Blätter (9 x 9 cm; Asia-Laden)
- 100 g gegarter Tafelspitz (siehe Grundrezept Seite 92)
- 60 g Shiitake-Pilze
- 60 g Knollensellerie
- 60 g Möhren
- 60 g Lauch
- 2 Knoblauchzehen
- 8 Stiele Koriandergrün
- 2 El Öl
- Zucker
- 6 El Sojasauce
- 1½ Tl Sambal oelek
- 1 Tl Sesamöl
- Pfeffer
- Salz
- 10 g frischer Ingwer
- 2 Frühlingszwiebeln
- 800 ml Tafelspitzfond (siehe Grundrezept Seite 92)
- 2 El Sherry
- 2 El schwarzer chinesischer Reisessig (Asia-Laden; ersatzweise Aceto balsamico)

1. Wan-Tan-Blätter auftauen lassen. Tafelspitz sehr fein würfeln. Shiitake-Pilze putzen und fein würfeln. Sellerie und Möhren schälen und fein würfeln. Lauch putzen, waschen, das Weiße und Hellgrüne fein würfeln. Knoblauch sehr fein hacken. Die Hälfte des Koriandergrüns mit den zarten Stielen fein hacken.

2. Öl in einer Pfanne erhitzen. Knoblauch darin andünsten. Pilze, Möhren und Sellerie zugeben und 5 Minuten garen. Lauch zugeben, kurz mitbraten. 1 Prise Zucker zugeben und mit 2 El Sojasauce ablöschen. Vom Herd nehmen, Tafelspitz und Koriander untermischen. Mit Sambal oelek, Sesamöl, Pfeffer und Salz würzen.

3. Ingwer in dünne Scheiben schneiden. Frühlingszwiebeln putzen und das Weiße und Hellgrüne schräg in dünne Scheiben schneiden. Fond mit Ingwer und Sherry aufkochen und bei milder Hitze 5 Minuten ziehen lassen. Mit 2 El Sojasauce, Salz und Pfeffer abschmecken.

4. Je 1 El Füllung in die Mitte eines Teigblattes setzen. Ränder mit Wasser bestreichen. Blätter zu Dreiecken falten, Ränder zusammendrücken.

5. 4 l Wasser in einem großen breiten Topf aufkochen. Teigtaschen in 2 Portionen nacheinander mit je 1 Tasse (ca. 200 ml) kaltem Wasser in den Topf geben. Wenn das Wasser erneut zu kochen beginnt und die Teigtaschen nach oben steigen, sind sie gar. Mit einer Schaumkelle herausheben und in den Tafelspitzfond geben. Wenn Sie die gegarten Wan-Tan nicht sofort verwenden möchten, breiten Sie sie auf einem Tablett nebeneinander aus und decken sie mit einem Küchentuch ab. An einem kühlen Ort können sie so 2–3 Stunden liegen.

6. Fond und Teigtaschen auf Suppenteller verteilen und mit Frühlingszwiebeln und dem restlichen Koriandergrün bestreut servieren. Restliche Sojasauce und Reisessig mischen und als Dip zu den Wan-Tan servieren. Wenn Sie keinen schwarzen Reisessig zur Hand haben, ersetzen Sie ihn durch Balsamico.

Pro Portion: 12 g E, 8 g F, 14 g KH = 186 kcal (780 kJ)

Wie macht man eigentlich ...

Hackbraten

GUT ZU WISSEN

Selbst drehen: Am besten kaufen Sie das Fleisch am Stück und drehen es selbst durch den Wolf. Plan B: Wer keinen Fleischwolf hat, lässt sich das Fleisch beim Metzger frisch durchdrehen. Natürlich: Die Braten funktionieren auch mit fertig gekauftem Hack.

Frisch halten! Hackfleisch ist empfindlich, deshalb gilt: nach dem Durchdrehen immer am selben Tag verarbeiten! Oder das Gehackte sofort einfrieren.

Variieren: *Probieren Sie auch anderes Fleisch für Ihre Braten, Hack verträgt Experimente. Achten Sie aber darauf, die Fleischsorten immer etwa im Verhältnis 1:1 zu mischen.*

Kneten: Vertrauen Sie Ihrem Tastsinn und verkneten Sie das Hack und die restlichen Zutaten selbst. So verbindet sich alles besonders gut. Wer sich die Hände nicht so gern schmutzig macht, überlässt das Mischen der Küchenmaschine.

Koch-schule

So einfach geht es Schritt für Schritt

1. Beide Fleischsorten grob würfeln und mischen.

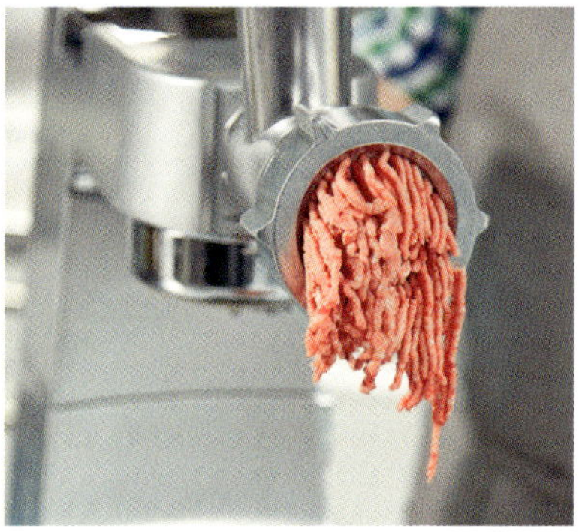

2. Fleischwürfel durch die mittlere Scheibe des Fleischwolfs drehen.

3. Schalotten und Kümmel glasig dünsten und Sahne zugeben.

4. Sahnemischung zu den Brotbröseln in eine Schüssel geben.

5. Fleisch, Eier, Brot und Gewürze mit den Händen mischen.

6. Eier mittig in einer Reihe auf die Hackmasse legen.

7. Mithilfe der Folie einen nicht zu strammen Laib formen. Laib mit der Nahtseite auf ein gefettetes Backblech legen.

8. Hackbraten mit Butter einstreichen und mit Semmelbröseln bestreuen.

Rezept siehe Seite 100

Hackbraten mit Ei – der Klassiker

Für 6 Portionen
Zubereitungszeit: 45 Minuten
Garzeit: 1 Stunde

400 g Schweinenacken (im Stück)
400 g Rinderschulter (im Stück)
7 Eier (Kl. M)
150 g Kastenweißbrot
3 Schalotten (80 g)
2 El Öl
40 g Butter
1 Tl Kümmelsaat
150 ml Schlagsahne
10 Stiele Petersilie
2 El scharfer Senf
¼ Tl Muskat (frisch gerieben)
2 Tl edelsüßes Paprikapulver
Salz
Pfeffer
1 El feine Semmelbrösel

Außerdem: Klarsichtfolie

1. Fleisch grob würfeln, mischen, durch die mittlere Scheibe des Fleischwolfs drehen. 5 Eier in 9 Minuten hart kochen. Brot entrinden, im Blitzhacker fein zerkleinern. Schalotten fein würfeln. Eier abschrecken, pellen und beiseitestellen.

2. Öl und 20 g Butter in einer kleinen Pfanne erhitzen. Schalotten und Kümmel darin bei mittlerer Hitze 5 Minuten glasig dünsten. Sahne zugeben und erhitzen. Mit den Brotbröseln in einer großen Schüssel mischen und 10 Minuten beiseitestellen. Petersilienblättchen abzupfen, fein hacken.

3. Petersilie, restliche Eier, Fleisch, Senf, Muskat und Paprika zur Brotmasse geben. Mit 1 gehäuften Tl Salz und kräftig Pfeffer würzen, mit den Händen sorgfältig mischen.

4. Masse auf Klarsichtfolie zum Rechteck (35 x 25 cm) flach drücken. Eier mittig in eine Reihe legen, mithilfe der Folie mit Hack bedecken und zum Laib formen (nicht zu stramm, sonst platzt er beim Braten auf).

5. Laib auf der Nahtstelle auf ein gefettetes Backblech setzen. Restliche Butter zerlassen, Laib rundum bestreichen und mit Semmelbröseln bestreuen. Im vorgeheizten Backofen auf der 2. Schiene von unten bei 200 Grad (Gas 3, Umluft 180 Grad) 50 Minuten braten. Im ausgeschalteten Ofen 10 Minuten ruhen lassen.

Pro Portion: 37 g E, 35 g F, 16 g KH = 567 kcal (2376 kJ)

Hackbraten im Speckmantel

Für 6 Portionen
Zubereitungszeit: 45 Minuten
Garzeit: 1:10 Stunden

- 500 g Schweinenacken (im Stück)
- 500 g Rinderschulter (im Stück)
- 1 rote Paprikaschote (200 g)
- 150 g Kastenweißbrot
- 2 weiße Zwiebeln (80 g)
- 1 Knoblauchzehe
- 40 g Pinienkerne
- 2 El Olivenöl
- 150 ml Schlagsahne
- 2 Eier (Kl. M)
- 20 g feine Kapern (Nonpareilles; abgetropft)
- 2 gehäufte Tl getrockneter Oregano
- 2 Tl fein abgeriebene Bio-Zitronenschale
- Salz
- Pfeffer
- 300 g durchwachsener Speck (in dünnen Scheiben)

Außerdem: Gefrierbeutel

1. Fleisch grob würfeln, mischen und durch die mittlere Scheibe des Fleischwolfs drehen. Paprika vierteln und entkernen. Mit der Hautseite nach oben auf ein Backblech legen, etwas flach drücken und unter dem vorgeheizten Backofengrill auf der obersten Schiene rösten, bis die Haut schwarze Blasen wirft. Paprika in einen Gefrierbeutel geben, verschließen, ausdämpfen und abkühlen lassen.

2. Brot entrinden und im Blitzhacker fein zerkleinern. Zwiebeln fein würfeln, Knoblauch fein hacken. Pinienkerne in einer Pfanne ohne Fett goldbraun rösten und auf einem Teller beiseitestellen. Öl in der Pfanne erhitzen, Zwiebeln und Knoblauch darin bei mittlerer Hitze 5 Minuten glasig dünsten. Sahne zugeben und erhitzen. Mit den Brotbröseln in einer großen Schüssel mischen und 10 Minuten beiseitestellen.

3. Paprika häuten und in 1 cm große Würfel schneiden. Mit Eiern, Pinienkernen, Kapern, Oregano, Zitronenschale und Hackfleisch zur Brotmischung geben. Mit 1 gehäuften Tl Salz und kräftig Pfeffer würzen und mit den Händen sorgfältig mischen.

4. Eine Kastenform (30 cm Länge) so mit Speck auslegen, dass die Speckscheiben zur Hälfte über den Formrand lappen. Hackmasse in der Form glatt streichen, Speck darüberklappen. Die Form ein paarmal auf die Arbeitsfläche stoßen, damit eventuell eingeschlossene Luft entweichen kann.

5. Hackbraten im vorgeheizten Backofen auf dem Ofenrost auf der 2. Schiene von unten bei 200 Grad (Gas 3, Umluft 180 Grad) 1 Stunde braten. Im ausgeschalteten Backofen 10 Minuten ruhen lassen. Bratensaft vorsichtig abgießen, Braten aus der Form heben und in Scheiben schneiden. Dazu passt gedünsteter Blattspinat.

Tipp Sollte überraschend etwas übrig bleiben: Der Braten schmeckt am nächsten Tag auch kalt als Pastete, z. B. mit Cornichons.

Pro Portion: 45 g E, 49 g F, 14 g KH = 698 kcal (2927 kJ)

Hackbraten im Blätterteigmantel

Für 6 Portionen
Zubereitungszeit: 1:15 Stunden
Garzeit: 1 Stunde

Hackbraten
400 g Schweinenacken (im Stück)
400 g Rinderschulter (im Stück)
150 g Kastenweißbrot
2 Schalotten (60 g)
2 Knoblauchzehen
3 El Olivenöl
10–12 Stiele Thymian
150 ml Schlagsahne
2 El Tomatenmark
2 El Worcestershiresauce
2 Eier (Kl. M)
60 g italienischer Hartkäse (z.B. Parmesan; frisch gerieben)
Salz
Pfeffer
1 Pk. Blätterteig (275 g; Kühlregal)
1 Eigelb (Kl. M)

Pilzmasse
15 g getrocknete Steinpilze
2 Schalotten (40 g)
1 Knoblauchzehe
250 g braune Champignons
2 El Öl
4 El trockener Marsala (italienischer Süßwein; ersatzweise trockener Portwein)
Salz
Pfeffer
3 El Petersilie (fein geschnitten)

Außerdem: Backpapier

1. Fleisch grob würfeln, mischen und durch die mittlere Scheibe des Fleischwolfs drehen. Weißbrot entrinden und im Blitzhacker fein zerkleinern. Schalotten und Knoblauch fein würfeln.

2. 2 El Öl in einer kleinen Pfanne erhitzen. Schalotten und Knoblauch darin bei mittlerer Hitze 5 Minuten glasig dünsten. Thymianblättchen abzupfen und grob hacken. Mit der Sahne zu den Schalotten geben und erhitzen. Mit dem Brot mischen und 10 Minuten beiseitestellen.

3. Tomatenmark, Worcestershiresauce, Eier, Käse und Fleisch zur Brotmischung geben. Mit 1 gehäuften Tl Salz und kräftig Pfeffer würzen und mit den Händen sorgfältig mischen. Hackmasse auf einem gefetteten Backblech zu einem Laib (ca. 35 cm Länge) formen und mit restlichem Öl bestreichen. Im vorgeheizten Backofen auf der 2. Schiene von unten bei 200 Grad (Gas 3, Umluft 180 Grad) 20 Minuten anbraten.

4. Inzwischen für die Pilzmasse Steinpilze in 100 ml kochend heißem Wasser einweichen. Schalotten und Knoblauch grob schneiden. Champignons putzen und grob schneiden. Steinpilze gut ausdrücken, Wasser dabei auffangen. Mit Schalotten, Knoblauch und Champignons im Blitzhacker fein hacken.

5. Öl in einer Pfanne erhitzen, Pilzmischung darin bei starker Hitze 3 Minuten braten. Marsala und Steinpilzwasser (ohne den Bodensatz) zugeben. Wer auf den Alkohol verzichten möchte, ersetzt ihn durch 1 El Apfelgelee. Bei starker Hitze einkochen lassen, mit Salz und Pfeffer würzen, beiseitestellen. Petersilie untermischen.

6. Blätterteig entrollen, auf dem Papier auf der Arbeitsfläche in der Breite 6 cm größer ausrollen, an beiden Längsseiten Streifen (10 cm lang, 3 cm breit) einschneiden. Eigelb mit 2 El kaltem Wasser verquirlen, Blätterteig damit bestreichen. Hälfte der Pilzmasse in der Teigmitte verstreichen. Hackbraten daraufsetzen, mit restlicher Pilzmasse bestreichen.

7. Teigbänder überlappend auf den Braten klappen und mit restlichem Eigelb bestreichen. Braten mit dem Papier auf das Blech setzen, wie oben weitere 35 Minuten backen. Zum Ende der Garzeit den Braten mit Backpapier abdecken, damit der Blätterteig nicht verbrennt. Braten im ausgeschalteten Backofen 10 Minuten ruhen lassen und in Scheiben schneiden. Dazu passt ein Salat.

Pro Portion: 38 g E, 48 g F, 31 g KH = 730 kcal (3059 kJ)

Wie macht man eigentlich ...

Schweinebraten

GUT ZU WISSEN

Der Bräter mit dem Saucenansatz wird auf den Ofenboden gestellt. Falls Ihr Herd das verbietet, stellen Sie am besten ein Kuchengitter darunter. Auf dem Rost über dem Bräter gart dann das Fleisch und gibt köstlichen Bratensaft zum Röstgemüse.

Die Röststoffe (dunkle Ansätze an Rand und Boden des Bräters) mit ca. 150 ml Wasser und einem Pinsel lösen und durch das Sieb mit in die Sauce geben. So wird sie noch aromatischer.

Die Kruste *lässt sich am besten mit einem Sägemesser zerteilen. Wichtig, weil ja alle ein Stückchen davon abhaben wollen.*

Beim Einkauf erkennt man gutes Schweinefleisch vor allem am etwas höheren Fettanteil, der kräftigen roten Farbe und der eher festen Fleischstruktur. Für einen Schweinebraten eignen sich besonders zarte Hüftstücke oder Nuss-, Nacken-, Schulter- und Rückenstücke.

Kochschule

So einfach geht es Schritt für Schritt

1. Wird der Braten am Knochen gegart, bleibt er herrlich saftig.

2. Eine Würzpaste aus Kümmel und Knoblauch zieht über Nacht ein.

3. Kräftig angeröstetes Gemüse und Schwarzbier machen die Sauce schön würzig.

Rezept siehe Seite 108

Schweinekrustenbraten – der Klassiker

Für 8 Portionen
Zubereitungszeit: 40 Minuten
Ruhezeit: über Nacht
Garzeit: ca. 3:40 Stunden

- 8 Knoblauchzehen
- 2 Tl Kümmelsaat
- 6–8 El Öl
- 2,8 kg Schweineschulter (Blatt, mit Schaufelknochen)
- Salz
- 300 g Zwiebeln
- 150 g Möhren
- 200 g Knollensellerie
- 1 kleine Stange Lauch
- 2 Lorbeerblätter
- 1 Tl schwarze Pfefferkörner
- 500 ml Schwarzbier
- 400 ml Geflügelfond
- 1 Tl Speisestärke

Außerdem: Alufolie

1. Am Vortag 4 Knoblauchzehen dünn schneiden, mit Kümmel im Mörser fein zerreiben und mit 2 El Öl verrühren. Die Schwarte des Bratens mit einem scharfen Messer im Abstand von 1–2 cm einschneiden. Wichtig: Nur die obere Fettschicht einschneiden, nicht das Fleisch darunter. Das geht am besten mit einem Teppichmesser. Braten auf der Fleischseite mit der Knoblauchpaste einreiben, mit der Schwarte nach oben in eine Schale legen. Schwarte mit 1 Tl Salz einreiben. Braten mit Klarsichtfolie abdecken und über Nacht kalt stellen.

2. Am Tag danach 200 ml kochend heißes Wasser in einen Bräter (oder eine Auflaufform) geben. Braten auf der Schwarte hineinlegen, 10 Minuten ziehen lassen. Dadurch weicht die Schwarte auf, die Hitze gelangt später schneller hinein und macht sie so besonders kross. Saftpfanne (oder ein tiefes Backblech) auf die unterste Schiene des auf 230 Grad vorgeheizten Backofens (Gas 4–5, Umluft nicht empfehlenswert) schieben, 600 ml heißes Wasser hineingießen. Ofenrost auf die 2. Schiene von unten schieben. Fleisch aus dem Bräter nehmen, mit der Schwarte nach oben auf den Rost legen, 30–40 Minuten braten.

3. Inzwischen für die Sauce restlichen Knoblauch grob hacken. Zwiebeln fein schneiden. Möhren putzen, schälen und fein würfeln. Sellerie putzen, waschen und fein würfeln. Lauch putzen, das Weiße und Hellgrüne in dünne Ringe schneiden, in einem Sieb waschen und gut abtropfen lassen.

4. Restliches Öl in einem Bräter (oder einem flachen breiten Topf) erhitzen. Knoblauch und Zwiebeln darin bei starker Hitze in 5–6 Minuten dunkelbraun anrösten. Möhren und Sellerie zugeben, weitere 5–6 Minuten braten. Lorbeer, Pfeffer und Lauch zugeben, 2 Minuten weiterbraten. 200 ml Bier, Fond und 500 ml kaltes Wasser zugeben, einmal aufkochen.

5. Ofentemperatur auf 170 Grad (Gas 1–2) reduzieren. Saftpfanne aus dem Backofen nehmen, dafür den Bräter mit Röstgemüse und Flüssigkeit unter den Braten auf den Ofenboden stellen. Fleisch weitere 3 Stunden garen.

6. Braten und Bräter aus dem Ofen nehmen. Kruste vorsichtig vom Braten lösen, beiseitestellen. Fleisch in Alufolie wickeln, im ausgeschalteten Ofen warm halten. Den Inhalt des Bräters durch ein feines Sieb in einen Topf gießen, das Gemüse leicht ausdrücken. Sauce in eine Fettkanne geben, ca. 5 Minuten stehen lassen, dann langsam in einen Topf abgießen. Restliches Bier zugeben, Sauce auf 400 ml einkochen lassen, mit Salz abschmecken. Speisestärke in wenig Wasser glatt rühren, unter Rühren zur Sauce geben, weitere 2 Minuten leicht kochen lassen.

7. Braten in dünne Scheiben, Kruste in Stücke schneiden. Braten mit etwas Kruste und Biersauce auf tiefen Tellern servieren. Dazu passt Krautsalat mit Speck.

Pro Portion: 60 g E, 66 g F, 2 g KH = 867 kcal (3629 kJ)

Feldsalat mit roten Zwiebeln und kaltem Braten

Für 2 Portionen
Zubereitungszeit: 20 Minuten
Marinierzeit: 1 Stunde

- 2 rote Zwiebeln (ca. 150 g)
- 300 g Bratenfleisch (kalt, siehe Grundrezept Seite 108)
- 50 g Feldsalat
- 25 g Sonnenblumenkerne
- 6–7 El Weißweinessig
- Salz
- 6 El Traubenkernöl (ersatzweise Distelöl)
- Pfeffer

1. Zwiebeln in dünne Ringe schneiden (oder hobeln). In ein Sieb geben, mit kochendem Wasser überbrühen, abschrecken und gut abtropfen lassen. Durch das kurze Überbrühen verlieren die Zwiebeln ihre etwas aufdringliche Schärfe. Bratenfleisch in kleine Würfel schneiden. Feldsalat verlesen, waschen und trocken schleudern, Wurzelansätze entfernen. Sonnenblumenkerne in einer beschichteten Pfanne ohne Fett anrösten und auf einem Teller abkühlen lassen.

2. Essig und Salz in einer Schüssel verrühren. Öl unterrühren, mit Pfeffer würzen. Zwiebeln und Fleisch mit der Marinade mischen, mindestens 1 Stunde durchziehen.

3. Kurz vor dem Servieren Feldsalat vorsichtig unter das Fleisch heben. Salat mit Salz und Pfeffer abschmecken, auf Tellern verteilen und mit Sonnenblumenkernen bestreut servieren.

Pro Portion: 39 g E, 61 g F, 8 g KH = 760 kcal (3182 kJ)

Braten-„Schnitzel“ mit Radieschensalat

Für 2 Portionen
Zubereitungszeit: 30 Minuten

2 Handvoll Salatblätter (z. B. Eichblattsalat)
8 Radieschen
2 El Weißweinessig
Salz
5 Tl körniger Senf
5 El Distelöl
8 El Semmelbrösel
4 Scheiben Schweinebraten (siehe Grundrezept Seite 108)
60–80 g Butterschmalz
½ Bund Schnittlauch
Pfeffer

1. Salat verlesen, waschen, trocken schleudern und in mundgerechte Stücke zupfen. Radieschen putzen, waschen und abtropfen lassen, je nach Größe halbieren oder vierteln.

2. Essig und Salz in einer Schüssel verrühren, 1 Tl Senf und das Öl unterrühren.

3. Semmelbrösel auf einen flachen Teller geben. Bratenscheiben mit je 1 Tl Senf bestreichen und mit der bestrichenen Seite in die Semmelbrösel drücken.

4. Butterschmalz in einer großen beschichteten Pfanne erhitzen, Bratenscheiben darin auf der panierten Seite ca. 2 Minuten goldbraun braten, wenden und ca. 1 Minute weiterbraten. Aus der Pfanne nehmen und auf Küchenpapier abtropfen lassen.

5. Schnittlauch in feine Röllchen schneiden. Salat und Radieschen mit der Vinaigrette mischen, mit Salz und Pfeffer abschmecken und auf Tellern verteilen. Braten-„Schnitzel“ darauf anrichten, mit Schnittlauch und Pfeffer bestreuen und sofort servieren.

Tipp Zu den knusprigen Bratenscheiben schmecken frische Laugenstangen.

Pro Portion: 40 g E, 69 g F, 31 g KH = 932 kcal (3898 kJ)

Wie macht man eigentlich …

Wiener Schnitzel

GUT ZU WISSEN

Die Fleischscheiben müssen dünn und gleichmäßig sein, damit sie gleichzeitig mit der Panierung gar werden, ohne dass diese verbrennt. Wer kein Plattiereisen hat, kann den Boden eines schweren Topfes nehmen.

Für die Panierung klopft man das überschüssige Mehl gut ab, damit die Schnitzel nicht pappig werden. Brösel leicht andrücken, nicht anpressen, sonst werden sie matschig.

Als Fett *eignen sich Butterschmalz oder Öl, dem man zuletzt etwas Butter beigibt. Wichtig: Fett und die ausreichend große Pfanne sollten richtig heiß sein. Und es sollte so viel Fett in der Pfanne sein, dass es die Schnitzel umhüllt, sie aber nicht darin untergehen. Schnitzel werden ausgebacken, keinesfalls frittiert!*

Die gewellte Hülle entsteht durch das Schwenken beim Ausbacken, was etwas Übung erfordert.

Koch-schule

So einfach geht es Schritt für Schritt

1. Fleisch im Gefrierbeutel gleich dünn plattieren.

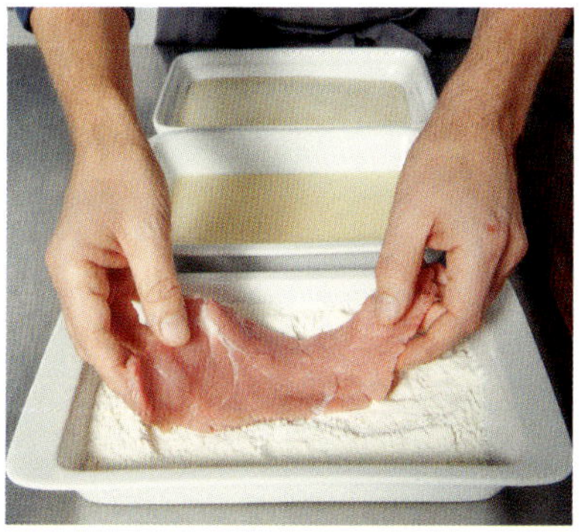

2. Fleischscheiben gleichmäßig im Mehl wenden. Überschüssiges Mehl abklopfen.

3. Fleisch durch die Eisahne ziehen und sofort in den Semmelbröseln wenden.

4. Butterschmalz erhitzen.

5. Schnitzel darin unter Schwenken ausbacken.

6. Auf Küchenpapier abtropfen lassen.

Rezept siehe Seite 116

Wiener Schnitzel mit Gurken-Dill-Salat

Für 4 Portionen
Zubereitungszeit: 1 Stunde

Grundrezept
4 Kalbsschnitzel (von der Oberschale, à 140 g)
2 Eier (Kl. M)
2 El geschlagene Sahne
50 g Mehl
150 g Semmelbrösel
Salz
250 g Butterschmalz
1 Bio-Zitrone

Salat
1 Bio-Salatgurke
Salz
150 g Saure Sahne
50 g Joghurt
2–3 El Weißweinessig
1 Tl Zucker
4 Stiele Dill
Pfeffer

Außerdem: 1 großer Gefrierbeutel

1. Fleisch nacheinander in einem großen Gefrierbeutel ca. 5 mm dünn plattieren.

2. Eier und geschlagene Sahne in einer Schale mit der Gabel verquirlen.

3. Mehl und Semmelbrösel in 2 Schalen geben. Schnitzel rundum leicht mit Salz würzen und nacheinander kurz in Mehl wenden. Die gesamte Oberfläche sollte gleichmäßig bemehlt sein, damit die Panierung gut hält. Überschüssiges Mehl abklopfen.

4. Schnitzel durch die Eiersahne ziehen und sofort in den Semmelbröseln wenden. Die Brösel nur leicht andrücken, nicht anpressen!

5. Schnitzel sofort in reichlich heißem (170 Grad) Butterschmalz in einer großen Pfanne auf jeder Seite ca. 3 Minuten unter gelegentlichem Schwenken goldgelb ausbacken.

6. Für den Salat die Gurke streifig schälen, in 2–3 mm dünne Scheiben hobeln, in einer Schüssel leicht mit Salz würzen, 10 Minuten ziehen lassen. Sahne, Joghurt, Essig und Zucker verrühren. Dillspitzen abzupfen, fein schneiden, unter die Sauce rühren.

7. Gurkenflüssigkeit abgießen, Gurken leicht ausdrücken, mit der Sauce verrühren und weitere 10 Minuten ziehen lassen. Salat mit Salz und Pfeffer abschmecken.

8. Schnitzel auf Küchenpapier abtropfen lassen und mit Petersilienkartoffeln, Gurken-Dill-Salat und Zitronenspalten servieren.

Pro Portion: 38 g E 28 g F, 37 g KH = 572 kcal (2391 kJ)

Panko-Schnitzel mit Asia-Salat

Für 4 Portionen
Zubereitungszeit: 40 Minuten

Salat
2 Mini-Bio-Salatgurken
125 g Baby-Leaf-Salatmischung
1 kleine rote Paprikaschote (ca. 140 g)
10 Stiele Koriandergrün

Dressing
10 g frischer Ingwer
3 El Sojasauce
4 El Limettensaft
1 Tl geröstetes Sesamöl
3 El Olivenöl
Zucker

Panko-Schnitzel
4 Kalbsschnitzel (à 140 g)
Salz
½ Tl Five-Spice-Gewürzmischung
150 g Panko-Brösel (Asia-Laden)
Bio-Limette

1. Salatgurken waschen und längs in feine Scheiben hobeln. Salatmischung waschen, putzen und trocken schleudern. Paprika vierteln, entkernen und quer in feine Streifen schneiden. Die Blätter von den Korianderstielen grob abzupfen. Gurken, Salat, Paprika und Koriander in eine große Schale geben.

2. Für das Dressing Ingwer in sehr feine Würfel schneiden. Sojasauce mit Limettensaft, Sesamöl, Olivenöl, ½ Tl Zucker und Ingwer verrühren.

3. Für die Panko-Schnitzel Kalbsschnitzel plattieren. Falls die Schnitzel zu groß sein sollten, halbieren. 2 Tl Salz mit Five-Spice-Gewürzmischung mischen und die Schnitzel damit rundum würzen.

4. Schnitzel wie im Grundrezept (siehe Seite 116) zubereiten und ausbacken. Dabei die Semmelbrösel durch Panko-Brösel ersetzen.

5. Dressing über den Salat geben und vorsichtig mischen. Schnitzel mit Limettenspalten und dem Salat servieren.

Pro Portion: 38 g E, 37 g F, 33 g KH = 628 kcal (2629 kJ)

Kerbel-Schnitzel

Für 4 Portionen
Zubereitungszeit: 30 Minuten

60 g Kerbel
120 g Semmelbröseln
4 Kalbsschnitzel (à 140 g)
Senf
Bio-Zitrone

1. Für die Kerbel-Panierung die dicken Stiele vom Kerbel abschneiden und entfernen. Kerbelblätter mit den feinen Stielen fein scheiden und mit den Semmelbröseln im Blitzhacker sehr fein mixen, bis die Brösel eine intensiv grüne Farbe haben. Kerbelbrösel in eine flache Schale geben.

2. Kalbsschnitzel plattieren. Schnitzel mit je 1 Tl Senf rundum einstreichen. Schnitzel eventuell halbieren.

3. Schnitzel wie im Grundrezept (siehe Seite 116) zubereiten. Schnitzel mit Zitronenspalten servieren. Dazu passen Bratkartoffeln mit gebratenen Zwiebeln.

Pro Portion: 36 g E, 21 g F, 27 g KH = 453 kcal (1897 kJ)

Wie macht man eigentlich ...

Sauerbraten

GUT ZU WISSEN

Das Fleisch: Für Sauerbraten empfiehlt sich gut durchwachsener Rindernacken. Durch Fett und Sehnen hat man etwas mehr Verlust als bei Schulter oder Keule, die sich ebenfalls eignen, der Braten wird aber auch besonders zart und saftig.

Die Beize: Das Fleisch sollte mindestens 3 Tage marinieren und möglichst komplett bedeckt sein. Je länger das Fleisch mariniert, desto saurer wird es: 1 Woche Marinierzeit sollte nicht überschritten werden.

***Der Wein:** Ein trockener Rotwein, z.B. ein Spätburgunder, eignet sich zum Marinieren. Ein Barrique-Wein sollte es nicht sein, da dessen Holztöne sich beim Schmoren verstärken.*

Die Klassiker: Rheinischer Sauerbraten wird traditionell mit Rosinen und Pumpernickel zubereitet, beim fränkischen sorgt Saucen(leb)kuchen für die charakteristische Würze und Sämigkeit.

Koch-schule

So einfach geht es Schritt für Schritt

1. Rindernacken am Stück in der Marinade 3–4 Tage ziehen lassen.

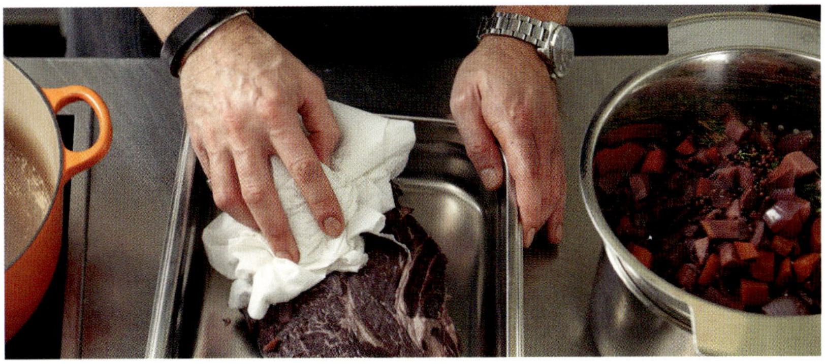

2. Sauerbraten aus der Marinade nehmen und gut abtropfen lassen. Mit Küchenpapier rundum gut trocken tupfen, damit das Fleisch sich später gut anbraten lässt.

3. Marinade über einem Sieb in ein Gefäß abgießen (ergibt ca. 1,4 l). Gemüse aus der Marinade ebenfalls sehr gut abtropfen lassen, um es gut anbraten zu können.

4. Sauerbraten würzen und in heißem Öl auf allen Seiten kurz stark anbraten.

5. Zwiebeln und Gemüse im Bräter hellbraun anbraten, Tomatenmark einrühren. Mit ca. 300 ml Marinade auffüllen und fast vollständig einkochen. Braten zugeben, mit Marinade und Brühe auffüllen, aufkochen und zugedeckt im Backofen garen.

6. Sauce durch ein Sieb in einen Topf gießen, das Gemüse nur leicht andrücken. Die Sauce offen auf 900 ml einkochen und leicht mit Stärke binden.

Rezept siehe Seite 124

Sauerbraten – der Klassiker

Für 6 Portionen
Zubereitungszeit: 3:30 Stunden
Marinierzeit: 3–4 Tage

- 200 g Möhren
- 200 g Knollensellerie
- 300 g Zwiebeln (ca. 3 Stück)
- 5 Stiele Thymian
- 3 Lorbeerblätter
- 2 Tl schwarze Pfefferkörner
- 5 Wacholderbeeren
- 3 Gewürznelken
- 400 ml Rotwein
- 250 ml Rotweinessig
- 1,8 kg Rinderbraten (aus dem Nacken)
- Salz
- Pfeffer
- 4 El Öl
- 1 El Tomatenmark
- 400 ml Rinderbrühe
- 200 g Dörrobst (z. B. getrocknete Aprikosen, Sultaninen, Physalis)
- 30 g Saucenkuchen (ersatzweise schwach gesüßter Lebkuchen)
- 30 g Braune Kuchen (z. B. Kemm'sche)
- 1–2 Tl Speisestärke
- Zucker
- 2–3 El alter Aceto balsamico

1. Möhren und Sellerie schälen und in kleine Stücke, 1 Zwiebel grob in Würfel schneiden. Möhren, Sellerie, Zwiebel, Thymian, Lorbeer, Pfefferkörner, Wacholder und Nelken in 1 l Wasser in einem Topf aufkochen. Abkühlen lassen und mit 250 ml Rotwein und Rotweinessig mischen.

2. Rinderbraten in eine Schüssel legen und mit Marinade auffüllen. Damit das Fleisch möglichst komplett mit Marinade bedeckt ist, darf die Schüssel, in der es mariniert, nicht zu groß sein. Sauerbraten mit Folie oder Deckel zugedeckt kalt stellen und 3–4 Tage marinieren. Falls das Fleisch nicht komplett bedeckt ist, ab und zu wenden.

3. Braten aus der Marinade nehmen, gut abtropfen lassen und mit Küchenpapier sehr gut trocken tupfen. Marinade durch ein Sieb in ein Gefäß gießen (ergibt ca. 1,4 l Marinade). Gemüse sehr gut abtropfen lassen. Je trockener das Gemüse ist, desto besser lässt es sich anbraten und bräunen. Restliche Zwiebeln grob in Würfel schneiden.

4. Fleisch mit Salz und Pfeffer würzen. Öl in einem Bräter erhitzen, Fleisch darin auf allen Seiten anbraten und herausnehmen. Gemüse und Zwiebeln zugeben und in ca. 10 Minuten hellbraun anbraten. Tomatenmark einrühren, mit 300 ml Marinade auffüllen und fast vollständig einkochen lassen. Braten zugeben, mit restlicher Marinade und Rinderbrühe auffüllen und aufkochen. Zugedeckt im vorgeheizten Backofen bei 180 Grad (Gas 2–3, Umluft 160 Grad) auf der untersten Schiene ca. 2:30 Stunden garen.

5. Dörrobst grob in Würfel schneiden und im restlichen Rotwein 2 Stunden einweichen. Saucen- und Braune Kuchen grob zerbröseln und im Blitzhacker fein zerkleinern.

6. Bräter aus dem Backofen und Braten vorsichtig herausnehmen, warm halten. Sauce durch ein feines Sieb in einen Topf gießen, Gemüse nur leicht durchdrücken. Sauce offen auf ca. 900 ml einkochen. Stärke in wenig kaltem Wasser glatt rühren, Sauce ganz leicht damit binden.

7. 1 El Zucker in einem Topf hellbraun karamellisieren. Dörrobst mit dem Wein zugeben. Sirupartig einkochen, bis sich der Karamell wieder gelöst hat. Sauce zugeben, 2 El der Kuchenbrösel in die Sauerbratensauce geben und 15 Minuten bei milder Hitze quellen lassen. Sauce mit Salz und Essig abschmecken.

8. Braten quer zu den Fasern in dünne Scheiben schneiden, dabei äußere Fettschicht und innere Sehne entfernen. Bratenscheiben in der Sauce leicht erwärmen und auf Tellern anrichten. Dazu passen Kartoffelklöße mit Butterbröseln.

Tipp Sauerbraten und Sauce halten sich 2–4 Tage im Kühlschrank und lassen sich einfrieren: Für das Sauerbratenragout (Rezept Seite 127) das Fleisch in Stücke schneiden und in der Sauce einfrieren. Für den Gebackenen Sauerbraten (Rezept Seite 128) das Fleisch in Scheiben einfrieren.

Pro Portion: 61 g E, 36 g F, 56 g KH = 853 kcal (3568 kJ)

Sauerbratenragout mit Apfel-Chutney

Für 2–3 Portionen
Zubereitungszeit: 30 Minuten

- 1 rote Chilischote
- 20 g frischer Ingwer
- 1 rote Zwiebel
- 1 kleiner Zweig Rosmarin
- 1 Apfel
- 50 g Zucker
- 30 ml Weißwein
- 240 g kurze Nudeln (z. B. Tortiglioni)
- Salz
- 180 g Sauerbraten (grob geschnitten; siehe Grundrezept Seite 124)
- 150 ml Sauerbratensauce

1. Chili in feine Ringe, Ingwer schälen, Ingwer und Zwiebel in feine Würfel schneiden. Rosmarinnadeln vom Zweig zupfen und fein hacken. Apfel vierteln, entkernen und in feine Würfel schneiden.

2. Zucker, Wein und 30 ml Wasser in einem kleinen Topf aufkochen. Chili, Ingwer, Zwiebel, Rosmarin und Apfel zugeben. Bei mittlerer Hitze offen 10–15 Minuten einkochen lassen.

3. Nudeln in reichlich kochendem Salzwasser nach Packungsanweisung in ca. 10 Minuten bissfest kochen. Sauerbraten in der Sauerbratensauce erwärmen. Nudeln abgießen, dabei 50 ml Nudelwasser auffangen. Nudeln mit dem Nudelwasser zum Sauerbratenragout geben und 1 Minute einkochen lassen. Auf Tellern mit dem Apfel-Chutney anrichten und servieren.

Wein-Tipp Wir empfehlen zum Ragout einen würzigen Merlot oder sehr weichen Spätburgunder. In beiden Fällen gilt: Wegen des Apfels und des säuerlichen Bratens sollte der begleitende Wein nicht zu viel Säure haben.

Pro Portion (bei 3 Portionen): 29 g E, 10 g F, 87 g KH = 587 kcal (2458 kJ)

Gebackener Sauerbraten mit Salat

Für 2 Portionen
Zubereitungszeit: 30 Minuten

- 100 g gemischte Salate (Feldsalat, Radicchio, Chicorée)
- 100 g Vollmilchjoghurt
- Zucker
- 1–2 El Zitronensaft
- 3 El Milch
- Salz
- Pfeffer
- 1 Ei (Kl. M)
- 2–3 El Mehl
- 60 g Semmelbrösel
- 2 Stiele Thymian
- 150 g Sauerbraten (in kleine dünne Scheiben geschnitten; siehe Grundrezept Seite 124)
- 5–6 El Öl

1. Salate putzen, waschen, gut abtropfen lassen und in mundgerechte Stücke zupfen. Joghurt mit ½ Tl Zucker, Zitronensaft, Milch, Salz und Pfeffer zu einem Dressing verrühren.

2. Ei in einer Arbeitsschale verquirlen. Mehl und Semmelbrösel getrennt in 2 Tellern verteilen. Thymianblättchen von den Stielen zupfen, fein hacken und mit den Semmelbröseln mischen.

3. Bratenscheiben eventuell trocken tupfen und mit Salz und Pfeffer würzen. Scheiben nacheinander im Mehl, im Ei und in den Bröseln wenden, dabei die Panierung leicht andrücken.

4. Öl in einer Pfanne erhitzen und die Bratenscheiben darin braun und knusprig ausbacken. Aus der Pfanne nehmen und auf Küchenpapier abtropfen lassen.

5. Salat mit dem Dressing mischen und mit den Bratenscheiben auf Tellern anrichten.

Pro Portion: 28 g E, 34 g F, 35 g KH = 575 kcal (2406 kJ)

Wie macht man eigentlich …

Karpfen

GUT ZU WISSEN

Einkauf: In den Herbst- und Wintermonaten ist Karpfen-Hochsaison. Nach dem Abfischen der Teiche bieten viele Züchter Frischfisch direkt ab Hof an. Karpfen ist einer der wenigen Fische, deren Bestand nicht bedroht ist. Sie können ihn also bedenkenlos essen.

Vorbereitung: Karpfen ist, je nach Bedarf, küchenfertig ausgenommen, filetiert, mit oder ohne Haut beim Händler erhältlich. Sie können sich die Gräten im Filet auch so fein zerkleinern lassen, dass sie beim Essen nicht mehr stören.

***Zubereitung:** Für Karpfen blau wird der Fisch nicht geschuppt, damit die Haut unversehrt bleibt: Die Schleimschicht auf der Haut sorgt in Verbindung mit Essig für die Blaufärbung.*

Zunge und Milch: Liebhaber verwerten auch die „Zunge“ und lassen sich vom Händler die „Fischmilch“ mitgeben: Der Karpfensamen wird als delikate Beilage geschätzt.

Koch-
schule

So einfach geht es Schritt für Schritt

1. Karpfen durch die Bauchhöhle kurz hinterm Kopf über der Wirbelsäule einschneiden und den Schnitt zur Schwanzflosse führen. Den Kopf mittig durchschneiden.

2. Karpfenstücke in der Arbeitsschale mit Weißweinessig begießen und 25–30 Minuten ziehen lassen.

3. Zwiebeln ungeschält quer halbieren und in einem mit Alufolie ausgelegten Topf goldbraun rösten.

4. Zwiebeln, Chili und Gewürze in 3 l Wasser aufkochen.

5. Abgetropfte Karpfenstücke im Gewürzsud bei mittlerer Hitze garen.

6. Vorgegarte und gewürfelte Rote Bete in Butter andünsten und mit Salz und Pfeffer würzen.

Rezept siehe Seite 132

Karpfen blau – der Klassiker

Für 4 Portionen
Zubereitungszeit: 45 Minuten
Garzeit: 45 Minuten
Ziehzeit: 30 Minuten

Karpfen (ca. 1,5 kg; ungeschuppt; vom Fischhändler ausgenommen)
400 ml Weißweinessig
1 kg festkochende Kartoffeln
200 g Rote Bete (vorgegart; vakuumiert)
2 Zwiebeln
4 Gewürznelken
1 Tl Fenchelsaat
1 getrocknete Chilischote
4 Lorbeerblätter
1 El Koriandersaat
2 El helle Senfsaat
1 Tl schwarze Pfefferkörner
1 Bund glatte Petersilie
Salz
100 g Butter
Pfeffer
40 g Meerrettich (frisch gerieben)

1. In den Karpfen mit einem spitzen scharfen Messer durch die Bauchhöhle kurz hinter dem Kopf über der Wirbelsäule einstechen. Den Schnitt entlang der Wirbelsäule in Richtung Schwanzflosse führen. Kopf von der Unterseite mit dem Sägemesser mittig durchschneiden. Fischhälften quer halbieren, sodass auch am Kopfstück etwas Filet bleibt.

2. Karpfen in eine Schale legen, mit Essig begießen und 25–30 Minuten ziehen lassen. Inzwischen Kartoffeln schälen, in einem Topf mit Wasser bedecken. Rote Bete in kleine Würfel schneiden.

3. Zwiebeln ungeschält quer halbieren. Einen großen breiten Topf mit einem Stück Alufolie auslegen. Zwiebeln darin ohne Fett auf den Schnittflächen goldbraun rösten. Zwiebeln mit Nelken spicken. Alufolie entfernen. 3 l Wasser in den Topf geben. Zwiebeln, Fenchel, Chili, Lorbeer, Koriander, Senf, Pfefferkörner, 5 Stiele Petersilie und 3 El Salz zugeben und aufkochen.

4. Kartoffeln mit Salz würzen, aufkochen und zugedeckt 20–25 Minuten gar kochen. Inzwischen den Karpfen abtropfen lassen, in den Gewürzsud geben und bei mittlerer Hitze 15–20 Minuten garen.

5. Butter in einer Pfanne zerlassen, Rote Bete zugeben und bei mittlerer Hitze andünsten. Mit Salz und Pfeffer würzen. Blätter von der restlichen Petersilie abzupfen und in feine Streifen schneiden. Kartoffeln abgießen. Karpfen aus dem Sud heben und abtropfen lassen. Karpfen mit den Kartoffeln auf Tellern anrichten. Rote Bete und Butter über den Kartoffeln verteilen und mit Petersilie und Meerrettich bestreut servieren.

Pro Portion: 59 g E, 35 g F, 36 g KH = 714 kcal (2990 kJ)

Karpfenfilet auf Rahmsauerkraut

Für 4 Portionen
Zubereitungszeit: 30 Minuten
Garzeit: ca. 45 Minuten

- 1 Zwiebel
- 500 g Sauerkraut
- 4 El Butter
- 100 ml Apfelsaft
- 4 Wacholderbeeren
- 1 Lorbeerblatt
- 200 ml Schlagsahne
- Salz
- Pfeffer
- Zucker
- edelsüßes Paprikapulver
- 2 Karpfenfilets (à ca. 400 g; mit Haut; küchenfertig, geschröpft)
- 4 El Zitronensaft
- 800 g vorwiegend festkochende Kartoffeln
- 4 El Mehl
- 2 El Öl
- 100 ml Milch
- Muskat
- ½ Bund Schnittlauch

1. Zwiebel in feine Würfel schneiden. Sauerkraut in ein Sieb abgießen und ausdrücken. 1 El Butter in einem Topf zerlassen, Zwiebel darin glasig dünsten. Sauerkraut, Apfelsaft, Wacholder und Lorbeer zugeben und zugedeckt bei mittlerer Hitze 15 Minuten kochen. Sahne zugießen und weitere 5 Minuten kochen. Sauerkraut mit Salz, Pfeffer, 1 Prise Zucker und 1 Prise Paprikapulver würzen und zugedeckt warm halten.

2. Fischfilets kalt abspülen und trocken tupfen. Filets in je 2 gleich große Stücke teilen und mit Salz, Pfeffer und Zitronensaft würzen. Kartoffeln schälen und in kochendem Salzwasser ca. 20 Minuten weich garen.

3. Inzwischen Fisch auf der Hautseite mit Mehl bestäuben. Öl und 1 El Butter in einer beschichteten Pfanne erhitzen. Filets darin auf der Hautseite scharf anbraten, Hitze reduzieren und die Filets in 4–5 Minuten langsam knusprig braten, dabei ständig mit dem Bratfett übergießen. Kurz vor Ende der Garzeit wenden, warm halten.

4. Kartoffeln abgießen und kurz ausdämpfen lassen. Milch und restliche Butter zugeben und mit dem Kartoffelstampfer fein zerstampfen. Mit Salz und Muskat würzen. Schnittlauch in feine Röllchen schneiden.

5. Kartoffelstampf, Karpfenfilet und Rahmsauerkraut auf Tellern anrichten, mit Schnittlauch bestreuen und servieren.

Tipp Wer keine geschröpften Filets kauft, kann selbst entgräten. Filets mit der Grätenseite nach oben auf ein Arbeitsbrett legen und quer zur Mittelgräte im Abstand von 2–3 mm vorsichtig einschneiden (nicht durchschneiden!), sodass die im Rücken liegenden Y-Gräten zerkleinert werden.

Pro Portion: 38 g E, 28 g F, 41 g KH = 593 kcal (2480 kJ)

Gebackener Karpfen süßsauer

Für 4 Portionen
Zubereitungszeit: 35 Minuten
Kühlzeit: 1 Stunde

- 2 Karpfenfilets (à ca. 400 g; ohne Haut; küchenfertig, geschröpft)
- 4 El Zitronensaft
- 75 g Zwiebeln
- 25 g frischer Ingwer
- 12 El Erdnussöl (Asia-Laden)
- 8 El Apfelessig
- 8 El chinesischer Kochwein (Asia-Laden; ersatzweise trockener Sherry)
- 4 El Sojasauce
- Salz
- 6 El Zucker
- 4 El Speisestärke
- 1 kleiner Kopfsalat
- 2 Frühlingszwiebeln
- 150 g Mehl

1. Fischfilets unter kaltem Wasser abspülen, trocken tupfen, mit Zitronensaft beträufeln und abgedeckt 1 Stunde kalt stellen (siehe Tipp).

2. Inzwischen Zwiebeln in feine Würfel, Ingwer in 1–2 mm dünne Scheiben schneiden. Zwiebeln und Ingwer in 1 El Öl glasig dünsten. Essig, Kochwein, Sojasauce, 100 ml Wasser, 1 Tl Salz, Zucker und 1 El Stärke verrühren, bis sich Salz und Zucker lösen. Zwiebelmischung mit der Sauce ablöschen und einkochen, bis die Stärke bindet. Sauce warm halten.

3. Kopfsalat waschen, trocken schleudern und in mundgerechte Stücke zupfen. Frühlingszwiebeln waschen, putzen, das Weiße und Hellgrüne schräg in dünne Scheiben schneiden und in kaltes Wasser legen.

4. Fisch trocken tupfen, längs halbieren und quer in Streifen schneiden. Mehl und restliche Stärke in einer Schale mischen. Restliches Öl in einem Topf erhitzen. Fischstücke in der Mehlmischung wenden. Überschüssiges Mehl abklopfen und Fischstücke im heißen Fett rundum goldbraun frittieren. Auf Küchenpapier abtropfen lassen.

5. Salat auf einer Platte anrichten. Fisch daraufgeben, mit Sauce beträufeln und mit Frühlingszwiebeln bestreut servieren. Dazu passt Reis.

Tipp Wer die Filets nicht geschröpft kaufen, sondern selbst entgräten möchte: siehe Tipp Seite 135 (Karpfenfilet auf Rahmsauerkraut).

Pro Portion: 44 g E, 44 g F, 39 g KH = 754 kcal (3156 kJ)

Wie macht man eigentlich ...

Bratkartoffeln

GUT ZU WISSEN

Festkochende Kartoffeln sind ideal (die mehligkochenden zerfallen beim Braten). Die Kartoffeln sollten am Vortag gekocht werden, weil sie dann trockener sind. Je dünner die Scheiben, desto knuspriger das Ergebnis.

In einer großen Pfanne können die Scheiben nebeneinander liegen und gleichmäßig goldbraun braten. Wenn Sie keine große Pfanne besitzen, nehmen Sie eine zweite dazu oder braten Sie in zwei Portionen. In gusseisernen Pfannen werden die Kartoffeln besonders knusprig. In beschichteten spart man Fett.

Heiß sollte die Pfanne sein, *deshalb vorher auf dem Herd erhitzen, dann das Fett zerlassen und die Kartoffeln zugeben. Nach dem Anbraten bei mittlerer Hitze zu Ende braten.*

Butterschmalz oder Öl? Das ist Geschmackssache. Hitze vertragen beide. Butter verbrennt leicht, also gibt man sie erst zuletzt dazu.

Koch-
schule

So einfach geht es Schritt für Schritt

1. Kartoffeln am Vortag knapp gar kochen und pellen.

2. Zwiebelscheiben im Speckfett goldbraun braten.

3. Kartoffeln nebeneinander in die Pfanne geben.

4. Gebratene Zwiebeln und Speck zu den Kartoffeln geben.

5. Zuletzt noch etwas Butter einschwenken.

Rezept siehe Seite 140

Bratkartoffeln

Grundrezept

Für 2 Portionen
Zubereitungszeit: 35 Minuten

500 g festkochende Kartoffeln (z. B. Celina)
Salz
80 g durchwachsener Speck (in Scheiben)
1 Zwiebel
1 El Butterschmalz
1 El Butter
Pfeffer
4 Stiele Petersilie

1. Am Vortag Kartoffeln waschen, in Salzwasser 18–20 Minuten knapp gar kochen. Wasser abgießen. Kartoffeln ausdämpfen, kurz abkühlen lassen. Kartoffeln warm pellen, zugedeckt über Nacht kalt stellen.

2. Kartoffeln in 3–5 mm dicke Scheiben schneiden. Speck in dünne Streifen schneiden. Zwiebel halbieren und in dünne Scheiben schneiden. Speck bei mittlerer Hitze in einer beschichteten Pfanne knusprig ausbraten, herausheben und beiseitestellen. Zwiebeln im Bratfett goldbraun braten, herausheben und beiseitestellen.

3. Butterschmalz in der Pfanne erhitzen. Kartoffelscheiben möglichst nebeneinander in die Pfanne legen. Ist die Pfanne zu klein, die Kartoffeln nacheinander braten. Kartoffeln bei mittlerer Hitze von einer Seite goldbraun braten, erst dann wenden und zu Ende braten.

4. Zwiebel und Speck in die Pfanne geben und einschwenken.

5. Butter hinzufügen und mit Salz und Pfeffer würzen. Petersilienblätter von den Stielen zupfen, grob hacken und dann über die Bratkartoffeln streuen.

Pro Portion: 10 g E, 25 g F, 32 g KH = 405 kcal (1692 kJ)

Mediterrane Kartoffelwürfel

Für 2 Portionen
Zubereitungszeit: 40 Minuten

500 g festkochende Kartoffeln (z. B. Celina, Linda)
200 g Rote Bete
100 g Perlzwiebeln
1 Knoblauchzehe
3 El Öl
1 Zweig Rosmarin
150 g Kirschtomaten
3 Stiele Thymian
Salz
Pfeffer
80 g Feta-Käse

1. Kartoffeln schälen, in 1 cm große Würfel schneiden und in kaltes Wasser legen. Rote-Bete-Knollen (am besten mit Küchenhandschuhen) schälen und in 5 mm große Würfel schneiden. Perlzwiebeln schälen und vierteln. Die Knoblauchzehe fein hacken.

2. 2 El Öl in einer Pfanne erhitzen. Kartoffeln gut abtropfen lassen und mit dem Rosmarinzweig im heißen Öl rundherum 15 Minuten braten. Eine zweite Pfanne mit dem restlichen Öl erhitzen, die Rote-Bete-Würfel darin 10 Minuten braten lassen.

3. Die Perlzwiebeln und den Knoblauch zu den Kartoffeln geben und weitere 5 Minuten braten. Tomaten waschen, halbieren, Thymianblättchen von den Stielen zupfen und grob hacken. Tomaten, Thymian und Rote Bete unter die Kartoffeln schwenken. Mit Salz und Pfeffer würzen. Feta über die Kartoffeln bröseln und sofort servieren.

Tipp Als erfrischende Beilage zu den roh gebratenen Kartoffelwürfeln passt eine bunte Mischung aus saisonalen Blattsalaten wie Frisée, Feldsalat und Radicchio oder Mesclun (gemischte Pflücksalate) mit einer Apfelessig- oder Senf-Vinaigrette.

Pro Portion: 12 g E, 25 g F, 42 g KH = 455 kcal (1900 kJ)

Bauern-Schaumomelette

Für 2 Portionen
Zubereitungszeit: 35 Minuten

Vinaigrette
40 g Cornichons
½ Bund Schnittlauch
2 El Weißweinessig
3 El Öl
Salz
Pfeffer
Zucker

Omelette
400 g Pellkartoffeln (gekocht, gepellt)
1 rote Zwiebel
100 g Bratenaufschnitt
50 g kräftiger Bergkäse
1 El Butterschmalz
Salz
Pfeffer
4 Eier (Kl. M)

1. Für die Vinaigrette Cornichons fein würfeln. Schnittlauch in feine Röllchen schneiden, 1 El beiseitestellen. 1 El Cornichon-Fond, Essig und Öl kräftig verrühren. Cornichons und Schnittlauch unterheben und mit Salz, Pfeffer und 1 Prise Zucker abschmecken.

2. Für das Omelette Pellkartoffeln in 3 mm dicke Scheiben schneiden. Zwiebel vierteln und in dünne Streifen schneiden. Aufschnitt in Streifen schneiden. Den Bergkäse fein reiben. Kartoffelscheiben im heißen Butterschmalz in einer großen Pfanne goldbraun braten. Zwiebel und Bratenaufschnitt hinzufügen und 2 Minuten mitbraten. Mit Salz und Pfeffer würzen.

3. Eine beschichtete Pfanne (ca. 20 cm Ø) mit Butterschmalz einfetten. Eier trennen und Eiweiße mit den Quirlen eines Handrührers halb steif schlagen. Verquirlte Eigelbe und Bergkäse unterheben und mit Salz und Pfeffer würzen.

4. Die Masse in die heiße Pfanne füllen und die gebratenen Zutaten darauflegen. Zugedeckt bei mittlerer Hitze 5 Minuten stocken lassen. Mit dem restlichen Schnittlauch bestreuen und mit der Vinaigrette servieren.

Pro Portion: 39 g E, 44 g F, 30 g KH = 687 kcal (2873 kJ)

Bratkartoffeln mit Pannfisch und Senf-Hollandaise

Für 2–3 Portionen
Zubereitungszeit: 45 Minuten

Hollandaise
1 kleine Schalotte
10 weiße Pfefferkörner
2 El Weißweinessig
125 g Butter
2 Eigelb (Kl. M)
1 Tl körniger Senf
Zitronensaft
Salz
Pfeffer

Fisch
500 g Pellkartoffeln (gekocht, gepellt)
3 Schalotten
200 g Lachsfilet
6 Riesengarnelen (à 40 g, ohne Kopf, mit Schale)
1 El + 1 Tl Butterschmalz
Zitronensaft
Salz
Pfeffer
4 Stiele Kerbel

1. Für die Hollandaise Schalotte in feine Scheiben schneiden. Pfefferkörner andrücken und beides in einen kleinen Topf geben. Essig und 50 ml Wasser zugießen und zur Hälfte einkochen lassen. Durch ein Sieb gießen und den Sud auffangen. Butter in einem Topf zerlassen.

2. Für den Pannfisch Kartoffeln in 3 mm dünne Scheiben schneiden. Schalotten in Scheiben schneiden. Lachs in 1 cm dünne Streifen schneiden. Garnelen schälen.

3. Eigelb und Essigsud in einen runden Schlagkessel geben. Mit einem Schneebesen über einem heißen Wasserbad cremig-dicklich aufschlagen. Butter in sehr feinem Strahl darunterschlagen. Mit Senf, 1 Spritzer Zitronensaft, Salz und Pfeffer abschmecken. Beiseitestellen und warm halten.

4. 1 El Butterschmalz in einer großen Pfanne erhitzen. Die Kartoffelscheiben nebeneinander in die Pfanne geben. Von einer Seite goldbraun braten, wenden, Schalotten hinzufügen und 3–5 Minuten mitbraten. In einer zweiten Pfanne 1 Tl Butterschmalz erhitzen. Lachs und Garnelen im heißen Fett von jeder Seite 1 Minute braten.

5. Lachs und Garnelen mit Zitronensaft würzen und zu den Kartoffeln geben. Mit Salz und Pfeffer abschmecken. Kerbelblättchen von den Stielen zupfen und dazugeben. Hollandaise aufschlagen und zum Pannfisch servieren.

Pro Portion (bei 3 Portionen): 31 g E, 53 g F, 22 g KH = 703 kcal (2938 kJ)

Wie macht man eigentlich …

Kartoffelsalat

GUT ZU WISSEN

Die richtigen Sorten: Nehmen Sie für Salat immer festkochende, nicht zu große Kartoffeln. Die Sorten Linda und Celina eignen sich perfekt dafür. Mehlige Sorten zerfallen schnell beim Schneiden.

Kartoffeln kochen: Für Salat mit Mayonnaise kochen Sie die Kartoffeln am besten am Vortag. Bei einer Vinaigrette werden die Kartoffeln erst kurz vor der Zubereitung des Salats gekocht, gepellt und dann warm in die Sauce geschnitten.

Kartoffeln mit Brühe marinieren: *Mischen Sie den Salat mit warmer Brühe, lassen Sie ihn abkühlen und über Nacht im Kühlschrank gut durchziehen.*

Tipp: Schneiden Sie ein paar Kartoffeln in ganz feine Scheiben. Sie zerfallen beim Mischen und geben dem Salat eine gute Bindung.

Koch-
schule

So einfach geht es Schritt für Schritt

1. Kartoffeln mit Kümmel und Lorbeer in Salzwasser garen.

2. Schalotten dünsten, Fond mit dem Schneebesen unterrühren.

3. Kartoffeln noch warm in die Marinade schneiden.

4. Zum Schluss das restliche Öl und die Kräuter zum Salat geben.

Rezept siehe Seite 148

Kartoffelsalat

Grundrezept

Für 4 Portionen
Zubereitungszeit: 30 Minuten
Garzeit: 25 Minuten
Ziehzeit: 2–3 Stunden

1 kg festkochende Kartoffeln
2 Lorbeerblätter
1 El Kümmelsaat, Salz
100 g Schalotten
10 El Öl
60 ml Weißweinessig
250 ml Gemüsefond
Pfeffer, Zucker
1 El mittelscharfer Senf
1 Bund Schnittlauch

1. Kartoffeln gründlich waschen. Je nach Größe 25–30 Minuten zugedeckt mit Lorbeer und Kümmel in Salzwasser garen.

2. Schalotten fein würfeln, in 2 El Öl glasig dünsten. Mit Essig und Fond auffüllen. Damit sich Fett und Flüssigkeit besser zu Emulsion verbinden, den Fond mit einem Schneebesen unterrühren. Mit Salz, Pfeffer, 1 Prise Zucker und Senf würzen.

3. Kartoffeln abgießen und ausdämpfen lassen. Noch warm pellen, in Scheiben direkt in die Marinade schneiden. Solange die Kartoffeln noch warm sind, nehmen sie die Sauce besonders gut auf. Dann 2–3 Stunden abgedeckt durchziehen lassen.

4. Schnittlauch in feine Röllchen schneiden. Erst kurz vorm Servieren restliches Öl und Schnittlauch unterrühren. Mit Salz, Pfeffer und 1 Prise Zucker würzen.

Pro Portion: 5 g E, 25 g F, 33 g KH = 393 kcal (1643 kJ)

Kartoffelsalat mit Bohnen und Pfifferlingen

Für 4 Portionen
Zubereitungszeit: 45 Minuten
Garzeit: 35 Minuten
Ziehzeit: 2–3 Stunden

1 kg festkochende Kartoffeln
2 Lorbeerblätter
1 El Kümmelsaat, Salz
150 g Schalotten
10 El Olivenöl
60 ml Weißweinessig
250 ml Geflügelfond
Pfeffer
2 El süßer Senf
250 g grüne Bohnen
400 g Pfifferlinge
150 g durchwachsener Speck
150 g Kirschtomaten
8 Stiele Bohnenkraut
10 Stiele Petersilie
Zucker

Außerdem: Küchenpapier

1. Kartoffeln waschen. Mit Lorbeerblättern und Kümmel in Salzwasser je nach Größe 25–30 Minuten zugedeckt garen. Die Schalotten fein würfeln und in 2 El Olivenöl glasig dünsten. Mit Essig und Fond auffüllen. Mit Salz, Pfeffer und Senf würzen. Kartoffeln abgießen, ausdämpfen lassen. Noch warm pellen und in Scheiben direkt in die Marinade schneiden. 2–3 Stunden abgedeckt durchziehen lassen.

2. Bohnen putzen und schräg halbieren. In kochendem Salzwasser 6 Minuten garen. In Eiswasser abschrecken, in einem Sieb abtropfen und zum Salat geben.

3. Pfifferlinge putzen. Speck fein würfeln und mit 1 El Olivenöl in einer Pfanne knusprig braten. Speck aus der Pfanne nehmen und auf Küchenpapier abtropfen lassen. 1 El Olivenöl dazugeben und erhitzen. Pfifferlinge darin bei starker Hitze 5 Minuten braten. Tomaten waschen, halbieren und kurz vor dem Ende der Garzeit dazugeben. Mit Salz und Pfeffer würzen.

4. Bohnenkraut- und Petersilienblätter abzupfen und grob hacken. Pfifferlinge, Speck, das restliche Olivenöl und Kräuter zum Salat geben und unterheben. Mit Salz, Pfeffer und 1 Prise Zucker würzen.

Pro Portion: 16 g E, 37 g F, 39 g KH = 563 kcal (2350 kJ)

Kartoffelsalat mit Backfisch

Für 4 Portionen
Zubereitungszeit: 45 Minuten
Garzeit: 40 Minuten
Ziehzeit: 2–3 Stunden

Kartoffelsalat

1 kg festkochende Kartoffeln
2 Lorbeerblätter
1 El Kümmelsaat
Salz
1 Ei (Kl. M)
125 ml Sonnenblumenöl
Zucker
1 El Dijon-Senf
3–4 El Apfelessig
150 g Cornichons (mit 50 ml Lake)
2 Stangen Staudensellerie
1 Apfel
150 g rote Zwiebeln
120 g Schmand
Cayennepfeffer
½ Bund Dill

Backfisch

75 g doppelt gemahlener Hartweizengrieß (Semola; z.B. von De Cecco)
240 g Mehl
Salz
3 El Apfelessig
1 Flasche helles Bier (330 ml)
1 l Öl zum Ausbacken
400 g Zanderfilet (ohne Haut und Gräten)
Pfeffer

Außerdem: Küchenpapier

1. Für den Salat die Kartoffeln gründlich waschen. 25–30 Minuten zugedeckt mit den Lorbeerblättern und dem Kümmel in Salzwasser garen.

2. Für die Mayonnaise das Ei mit Sonnenblumenöl, ½ Tl Salz, 1 El Zucker, Senf und 1 El Essig in ein hohes Gefäß geben. Einen Schneidstab hineinstellen und, ohne ihn zu bewegen, so lange laufen lassen, bis die Masse dicklich-cremig wird. Dann den Schneidstab langsam auf und ab ziehen, bis die Mayonnaise stabil ist. Die Cornichons abtropfen lassen, dabei 50 ml Lake auffangen, Cornichons fein schneiden. Sellerie putzen, entfädeln und schräg in Stücke schneiden. Apfel waschen, vierteln, entkernen und in kleine Stücke schneiden. Die Zwiebeln halbieren und in Streifen schneiden. Sellerie, Cornichons, Zwiebeln und Apfel mit dem Schmand und 50 ml Cornichon-Lake unter die Mayonnaise heben und mit Salz, Zucker, Cayenne und 1 El Essig würzen.

3. Kartoffeln abgießen, ausdämpfen lassen und warm pellen. Kartoffeln in Scheiben ins Dressing schneiden und 2–3 Stunden abgedeckt durchziehen lassen. Dillästchen abzupfen und unter den Salat mischen. Mit Salz, Zucker und 1–2 El Essig würzen.

4. Für den Fisch den Grieß mit 200 g Mehl, ½ El Salz, Essig und Bier verquirlen. Abgedeckt 30 Minuten kalt stellen. Öl in einem Topf erhitzen. Zanderfilet trocken tupfen, in ca. 3 cm breite Scheiben schneiden, salzen und pfeffern. Filets im restlichen Mehl wenden, durch den Teig ziehen. 3–4 Minuten im heißen Öl goldgelb ausbacken. Auf Küchenpapier abtropfen lassen, mit dem Salat servieren.

Pro Portion: 32 g E, 60 g F, 80 g KH = 1015 kcal (4249 kJ)

Orient-Kartoffelsalat

Für 4–6 Portionen
Zubereitungszeit: 1 Stunde
Garzeit: 45 Minuten
Ziehzeit: 30 Minuten

800 g kleine festkochende Kartoffeln (z. B. Drillinge)
400 g Aubergine
5 El Olivenöl
2 El helle geschälte Sesamsaat
2 El dunkle Sesamsaat
1 El Kreuzkümmelsaat
Salz
200 g Bio-Mini-Gurken
1 rote Spitzpaprika
200 g Tomaten
1 rote Zwiebel
90 g glatte Petersilie
30 g Minze
2–3 El Granatapfelsirup
Pfeffer
Chiliflocken
150 g türkischer Joghurt (10 % Fett)
50 g Schmand
1–2 El Zitronensaft
2 El geröstetes Sesamöl (Asia-Laden)
1 Tl getrockneter Oregano
Zucker
1–2 Tl Sumach (türkischer Laden)

Außerdem: Backpapier

1. Kartoffeln sorgfältig waschen und längs halbieren. Aubergine in ca. 3 cm große Würfel schneiden. Kartoffeln und Aubergine in einer Schale mit 3 El Olivenöl, je 1 El heller und dunkler Sesamsaat, Kreuzkümmel und Salz mischen und auf einem mit Backpapier belegten Backblech verteilen.

2. Kartoffeln und Aubergine im vorgeheizten Backofen bei 220 Grad (Gas 3–4, Umluft 200 Grad) auf der 2. Schiene von unten 40–45 Minuten backen. Herausnehmen und lauwarm abkühlen lassen.

3. Gurken waschen und in ca. 5 mm große Würfel schneiden. Paprika putzen, waschen, längs halbieren, entkernen und in 5 mm große Würfel schneiden. Tomaten waschen, und Zwiebel in feine Würfel schneiden. Petersilien und Minzblätter von den Stielen zupfen, mittelfein hacken. Gurken, Paprika, Tomaten, Zwiebel, Petersilie und Minze in einer Schale mit restlichem Olivenöl und Granatapfelsirup mischen. Petersiliensalat mit Salz, Pfeffer und Chili würzen und abgedeckt kalt stellen.

4. Joghurt, Schmand, Zitronensaft und Sesamöl verrühren. Dressing mit Salz, Pfeffer, Oregano und 1 Prise Zucker abschmecken. Restliche Sesamsaat in einer Pfanne ohne Fett kurz anrösten und abkühlen lassen.

5. Kartoffeln und Aubergine mit dem Dressing mischen. Kartoffelsalat 30 Minuten ziehen lassen.

6. Petersiliensalat und Kartoffelsalat auf Tellern anrichten und mit Sumach und geröstetem Sesam bestreut servieren. Dazu passen Merguez-Würste.

Pro Portion (bei 6 Portionen): 7 g E, 21 g F, 26 g KH = 337 kcal (1418 kJ)

Asia-Kartoffelsalat

Für 4 Portionen
Zubereitungszeit: 1 Stunde
Garzeit: 30 Minuten
Ziehzeit: 2–3 Stunden

20 g frischer Ingwer
1 Knoblauchzehe
1 rote Chilischote
50 g Schalotten
3 Stangen Zitronengras
6 Kaffirlimettenblätter
2 El Öl
50 ml Reisessig (Asia-Laden; ersatzweise milder Weißweinessig)
1 El Fischsauce (Asia-Laden)
50 ml helle Sojasauce
100 ml Sweet-Chili-Sauce
1 Ei (Kl. M)
110 ml Traubenkernöl
Salz
5–6 El Limettensaft
1 kg festkochende Kartoffeln
300 g grüner Spargel
80 g Radieschen
80 g Kirschtomaten
1 rote Zwiebel
2 Stangen Staudensellerie
50 g Baby-Blattspinat
10 Stiele Koriandergrün
Pfeffer

1. Ingwer schälen, mit Knoblauch, Chili und Schalotten in feine Würfel schneiden. Zitronengras mit dem Messerrücken flach klopfen und in ca. 5 cm lange Stücke schneiden. Kaffirblätter einschneiden. Öl in einem Topf erhitzen, Ingwer, Knoblauch, Chili, Schalotten, Zitronengras und Kaffirblätter darin glasig dünsten. Mit Essig ablöschen, mit Fisch-, Soja- und Chilisauce auffüllen. Bei mittlerer Hitze sirupartig einkochen. Abkühlen lassen, Zitronengras und Kaffirblätter entfernen.

2. Ei, Traubenkernöl, ½ Tl Salz und 2 El Limettensaft in den Rührbecher geben. Schneidstab hineinstellen und ohne ihn zu bewegen, so lange laufen lassen, bis die Mischung cremig-dicklich wird. Schneidstab langsam auf und ab bewegen, bis eine cremige Mayonnaise entsteht. Abgekühlte Chilisauce in die Mayonnaise rühren.

3. Kartoffeln sorgfältig waschen und in Salzwasser ca. 20 Minuten zugedeckt garen.

4. Spargel im unteren Drittel schälen, längs halbieren, schräg in 3 cm lange Stücke schneiden. In kochendem Salzwasser 2–3 Minuten garen, abschrecken, abtropfen lassen. Radieschen putzen, in dünne Scheiben schneiden. Tomaten waschen, vierteln. Zwiebel in dünne Spalten schneiden. Sellerie putzen, entfädeln, schräg in dünne Scheiben schneiden. Radieschen, Zwiebel, Sellerie, Spargel und Tomaten in einer Schüssel mit der Mayonnaise mischen.

5. Kartoffeln abgießen und ausdämpfen lassen. Noch warm pellen, in ca. 2 cm große Stücke schneiden, zur Mayonnaise geben und 2–3 Stunden abgedeckt ziehen lassen. Spinat waschen und trocken schleudern. Koriander mit den zarten Stielen grob hacken.

6. Salat mit Salz, Pfeffer und restlichem Limettensaft abschmecken, Spinat und Koriander untermischen. Dazu passt Kalbscurrywurst.

Pro Portion: 10 g E, 35 g F, 48 g KH = 570 kcal (2390 kJ)

Wie macht man eigentlich ...

Knödel

GUT ZU WISSEN

Für Kartoffelknödel nimmt man normalerweise mehligkochende Kartoffeln wegen ihres hohen Stärkegehalts. Da der Trend immer mehr zu festkochenden Sorten geht, haben wir es mal mit festkochenden Kartoffeln probiert und waren vom Ergebnis angenehm überrascht.

Im Backofen garen Kartoffeln trockener als in Salzwasser. Damit das enthaltene Wasser zusätzlich verdampfen kann, sticht man die Kartoffeln vorher rundum mit einer Gabel an.

Der Topf *sollte unbedingt breit sein, damit alle Knödel nebeneinander Platz finden und an die Wasseroberfläche steigen können.*

Die Brötchenscheiben für Laugen- oder Semmelknödel werden in Eiermilch eingeweicht. Wichtig ist, dass dies gleichmäßig geschieht, damit sie sich zu einem einheitlichen Teig kneten lassen, der keine harten Brotkanten enthält.

Koch-
schule

So einfach geht es Schritt für Schritt

1. Kartoffeln rundum mit einer Gabel mehrmals einstechen.

2. Gekochte Kartoffeln zweimal durch die Presse drücken.

3. Rohe Kartoffeln fein reiben.

4. Raspel kräftig in einem Mulltuch ausdrücken.

5. Flüssigkeit von der Stärke abgießen.

6. Kartoffelteig zu Rollen formen und portionieren.

7. Teigstücke zu gleichmäßigen Knödeln drehen.

8. Mit der Schaumkelle herausheben.

Rezept siehe Seite 158

Kartoffelknödel „halb & halb“

Für 4–6 Portionen (12 Knödel)
Zubereitungszeit: 1:30 Stunden
Garzeit: 1:50 Stunden

2 kg mittelgroße festkochende Kartoffeln
⅓ Tl Ascorbinsäure (Apotheke)
Salz

1. 1 kg Kartoffeln waschen, mit einer Gabel rundum mehrmals einstechen und auf einem Backblech verteilen. Im vorgeheizten Backofen bei 160 Grad (Gas 1–2, Umluft 150 Grad) auf der 2. Schiene von unten 1:15 Stunden backen, dabei einmal wenden. Kartoffeln 15 Minuten abkühlen lassen und pellen.

2. Die Kartoffeln zweimal durch die Kartoffelpresse pressen, damit die Masse schön fein wird. Kartoffeln etwas ausbreiten und beiseitestellen.

3. Restliche Kartoffeln schälen und auf der feinen Seite einer Haushaltsreibe reiben. Sofort mit Ascorbinsäure mischen, damit sich die Kartoffeln nicht durch den Luftsauerstoff verfärben.

4. Kartoffelraspel portionsweise in einem Mulltuch sehr kräftig ausdrücken, das austretende Wasser dabei auffangen. Flüssigkeit 10 Minuten stehen lassen, damit sich die Stärke absetzen kann. Kartoffelportionen in je einer Schüssel auflockern.

5. Flüssigkeit vorsichtig von der abgesetzten Kartoffelstärke abgießen. Stärke durchrühren, mit 1 Tl Salz unter die ausgepressten Kartoffeln mischen.

6. Ausgepresste Kartoffeln mit den zerdrückten nur kurz mit den Händen zu einem glatten Teig verkneten, damit der Teig locker bleibt. Kartoffelteig halbieren und auf der Arbeitsfläche zu 2 Rollen (à ca. 24 cm Länge) formen. Jede Rolle mit einer Teigkarte in 6 Portionen teilen.

7. Wasser in einem breiten Topf aufkochen. Teigportionen zu Knödeln rollen. Wasser kräftig salzen und die Knödel ins sprudelnd kochende Wasser geben. Kurz aufkochen.

8. Hitze auf kleinste Stufe reduzieren. Sobald die Knödel an die Wasseroberfläche steigen, 25–30 Minuten ziehen lassen. Gegarte Knödel vorsichtig mit einer Schaumkelle herausheben. Dazu passt ein saucenreicher Sauerbraten.

Pro Knödel: 2 g E, 0 g F, 21 g KH = 98 kcal (410 kJ)

Kartoffelknödel mit Brotwürfelfüllung

Für 4 Portionen (10 Knödel)
Zubereitungszeit: 45 Minuten
Garzeit: 1:30 Stunden

900 g mittelgroße festkochende Kartoffeln
2 Scheiben Kastenweißbrot (60 g)
60 g Butter
75 g Kartoffelstärke
3 Eigelb (Kl. M)
Muskat
Salz

1. Kartoffeln waschen, mit einer Gabel rundum mehrmals einstechen, auf einem Backblech verteilen und im vorgeheizten Backofen bei 160 Grad (Gas 1–2, Umluft 150 Grad) auf der 2. Schiene von unten 1:15 Stunden backen, dabei einmal wenden. Kartoffeln 15 Minuten abkühlen lassen und pellen.

2. Kartoffeln zweimal durch eine Kartoffelpresse auf ein Backblech drücken, damit die Masse schön fein wird. Kartoffeln etwas ausbreiten und beiseitestellen.

3. Weißbrot entrinden und würfeln. 30 g Butter in einer Pfanne erhitzen, Brotwürfel darin knusprig hellbraun braten. Aus der Pfanne nehmen und beiseitestellen. Pfanne auswischen und die restliche Butter darin bei mittlerer Hitze zerlassen, ohne zu bräunen.

4. Kartoffeln in eine Schüssel geben, Kartoffelstärke daraufstreuen. Eigelbe, Salz und zerlassene Butter zugeben und kräftig mit Muskat würzen. Mit einem Silikonschaber zu einem glatten Teig verarbeiten. Teig 15 Minuten ruhen lassen.

5. Teig zu 2 Rollen formen (à 20 cm Länge) und mit einer Teigkarte in je 5 gleich große Portionen teilen. So bekommen alle Knödel eine einheitliche Größe. Teigportionen nacheinander etwas flach drücken, je ein paar Croûtons daraufgeben und den Teig zu Knödeln drehen.

6. Wasser in einem breiten Topf aufkochen und kräftig salzen. Die Knödel ins sprudelnd kochende Wasser geben. Hitze auf kleinste Stufe reduzieren. Sobald die Knödel an die Wasseroberfläche steigen, 15 Minuten ziehen lassen. Gegarte Knödel mit einer Schaumkelle herausheben. Dazu passt Möhren-Lammragout.

Pro Portion: 3 g E, 7 g F, 20 g KH = 160 kcal (667 kJ)

Laugenbrötchen-Speck-Knödel

Für 4 Portionen (6 Knödel)
Zubereitungszeit: 1 Stunde
Garzeit: 15 Minuten

- 6 Laugenbrötchen (à 55 g; vom Vortag)
- 3 Schalotten (50 g)
- 20 g Butter
- 2 Tl getrockneter Majoran
- 250 ml Milch
- 200 g durchwachsener Speck (in 5 mm dicken Scheiben)
- 10 Stiele krause Petersilie
- Salz
- Pfeffer
- 2 gestr. El Mehl
- 2 Eier (Kl. M)

1. Laugenbrötchen vom anhaftenden Salz befreien. Brötchen in 5 mm dünne Scheiben schneiden und in einer großen Schale verteilen. Schalotten fein würfeln und in einer kleinen Pfanne in der heißen Butter bei mittlerer Hitze 5 Minuten glasig dünsten. Pfanne vom Herd nehmen. Majoran unter die Schalotten rühren und die Milch zugießen. Beiseitestellen.

2. Speck würfeln. Petersilienblättchen abzupfen und nicht zu fein hacken. Speck und Petersilie zu den Brötchen geben, leicht mit Salz und kräftig mit Pfeffer würzen. Mehl darüberstreuen. Eier mit Schalottenmilch verrühren und gleichmäßig über die Brötchen geben. Mit den Händen zu einem relativ glatten Teig verkneten. Teig 10 Minuten beiseitestellen.

3. Wasser in einem breiten Topf aufkochen. Inzwischen den Teig mit leicht feuchten Händen zu einer 30 cm langen Rolle formen, mit einer Teigkarte in 6 Portionen teilen und zu Knödeln rollen.

4. Wasser salzen. Knödel ins sprudelnd kochende Wasser geben. Kurz aufkochen und die Hitze auf die kleinste Stufe reduzieren. Sobald die Knödel an die Wasseroberfläche steigen, 15 Minuten ziehen lassen. Gegarte Knödel mit einer Schaumkelle herausheben. Dazu passt Pilzragout.

Pro Knödel: 15 g E, 17 g F, 44 g KH = 394 kcal (1650 kJ)

Spinatknödel mit Taleggio und Pilzrahmragout

Für 4 Portionen
Zubereitungszeit: 40 Minuten
Garzeit: 20–30 Minuten
Ziehzeit für die Knödel: 30 Minuten

Spinatknödel

350 g Blattspinat
Salz
2 Eier (Kl. M)
300 g altbackenes Weißbrot
80 g Schalotten
60 g Butter
150 ml Milch
1–2 El Semmelbrösel
20 g fein geriebener alter ital. Hartkäse (z. B. Grana Padano oder Parmesan)
Pfeffer
Muskat
70 g Möhren
60 g Knollensellerie
½ Stange Lauch (ca. 100 g)
120 g Taleggio

Pilzrahmragout

10 g kleine getrocknete Morcheln
200 g kleine Kräuterseitlinge
200 g braune Champignons
60 g mehligkochende Kartoffeln
50 g Schalotten
10 g Butter
100 ml Wermut (z. B. Noilly Prat)
100 ml Weißwein
250 ml Schlagsahne
Salz
Pfeffer
½ Tl Dijon-Senf
4 El Öl

Außerdem: Küchentuch

1. Für die Spinatknödel den Spinat gründlich waschen, putzen, in kochendem Salzwasser blanchieren, in eiskaltem Wasser abschrecken und in einem Sieb abtropfen lassen. Spinat mit den Händen sehr gut ausdrücken und dann sehr fein schneiden. In einem Blitzhacker mit den Eiern fein mixen. Beiseitestellen.

2. Brot in ca. 1 cm große Würfel schneiden und in eine Schüssel geben. Schalotten fein würfeln, in 20 g Butter glasig dünsten. Milch zugeben, lauwarm erwärmen, über das Brot gießen. Spinatpüree, Semmelbrösel und Hartkäse zugeben und alles gut vermischen. Kräftig mit Salz, Pfeffer und etwas Muskat abschmecken. Mit einem feuchten Küchentuch abdecken und 30 Minuten ziehen lassen.

3. Für das Schmelzgemüse Möhren und Sellerie schälen und in ca. 2 mm kleine Würfel schneiden. Lauch putzen und nur die weißen und hellgrünen Teile in ca. 2 mm kleine Würfel schneiden.

4. Für das Pilzragout die Morcheln in 200 ml heißem Wasser 20 Minuten einweichen. Kräuterseitlinge und Champignons putzen. Große Pilze halbieren. Kartoffeln schälen und in kleine Würfel schneiden. Schalotten fein würfeln und mit den Kartoffeln in der Butter glasig dünsten. Mit Wermut und Weißwein ablöschen. Bei mittlerer Hitze auf die Hälfte einkochen lassen. Morcheln gut ausdrücken. Morchelwasser durch eine Kaffeefiltertüte gießen (ergibt ca. 150 ml). Morcheln noch 2–3-mal gründlich in kaltem Wasser waschen. Morchelwasser und Sahne zum eingekochten Wermut geben und auf 400 ml einkochen lassen. Dann mit einem Schneidstab sehr fein pürieren, sodass die Sauce leicht gebunden wird. Mit Salz, Pfeffer und Senf abschmecken. Warm stellen.

5. Für die Spinatknödel in einem großen Topf reichlich Salzwasser zum Kochen bringen. Taleggio entrinden und in 8 gleich große Stücke schneiden. Mit angefeuchteten Händen aus der Knödelmasse 8 Knödel formen. In die Knödel jeweils eine tiefe Mulde drücken. Je 1 Stück Taleggio hineinlegen. Knödel verschließen, rund formen und in das kochende Salzwasser geben. Hitze reduzieren und die Knödel offen in 20–25 Minuten gar ziehen lassen.

6. Die restliche Butter erhitzen. Möhren und Sellerie bei mittlerer Hitze 3–4 Minuten dünsten. Nach 2 Minuten den Lauch zugeben. Mit Salz, Pfeffer und etwas Muskat würzen. Warm stellen.

7. Das Öl in einer Pfanne erhitzen. Ausgedrückte Morcheln, Kräuterseitlinge und Champignons darin bei starker Hitze 2–3 Minuten braten. Dann die Sauce zugeben und weitere 2–3 Minuten bei mittlerer Hitze sanft kochen lassen. Knödel mit einer Schaumkelle aus dem Wasser heben, abtropfen lassen und auf vorgewärmten Tellern mit dem Pilzragout anrichten. Schmelzgemüse über die Knödel geben und sofort servieren.

Pro Portion: 28 g E, 61 g F, 51 g KH = 886 kcal (3708 kJ)

Kartoffel-Morchel-Knödel mit Rahmspinat

Für 4 Portionen
Zubereitungszeit: 1:10 Stunden
Garzeit: 30 Minuten

Saure Radieschen

1 Bund Radieschen
1–2 El Zucker
100 ml Weißweinessig
150 ml Mineralwasser
1 Tl Koriandersaat

Knödel

15 g getrocknete Morcheln
40 g Schalotten
80 g Butter
Salz
Pfeffer
600 g mehligkochende Kartoffeln
Muskat
70 g Speisestärke
1 Eigelb (Kl. M)

Rahmspinat

ca. 900 g junger Spinat (800 g geputzt)
40 g Schalotten
1 Knoblauchzehe
20 g Butter
250 ml Schlagsahne
Salz
Pfeffer
Muskat

1. Radieschen putzen, waschen und vierteln. Zucker in einem kleinen Topf karamellisieren, mit Essig ablöschen. Mit Mineralwasser auffüllen, Koriander zugeben und so lange bei mittlerer Hitze kochen, bis sich der Karamell aufgelöst hat. Radieschen zugeben, vom Herd nehmen und ca. 1 Stunde marinieren.

2. Morcheln ca. 20 Minuten in warmem Wasser einweichen. Dann putzen, im Sieb mehrmals gründlich abspülen, abtropfen lassen, sehr gut ausdrücken und fein hacken. Schalotten fein würfeln. 20 g Butter in einer kleinen Pfanne erhitzen, Schalotten und Morcheln darin bei mittlerer Hitze 4–5 Minuten dünsten, mit Salz und Pfeffer würzen und beiseitestellen.

3. Kartoffeln ungeschält 25–30 Minuten in kochendem Salzwasser garen. Kartoffeln abgießen, ausdämpfen lassen, pellen und durch die Kartoffelpresse in eine große Schale drücken. Mit Salz, Pfeffer und Muskat würzen. Morcheln, 50 g Speisestärke und Eigelb zugeben, mit einem Kochlöffel zügig zu einem glatten Teig verarbeiten. Hände mit der restlichen Stärke bestäuben und aus der Kartoffelmasse 4 glatte Knödel formen. In reichlich leicht siedendem Salzwasser 10–15 Minuten offen gar ziehen lassen. Restliche Butter schmelzen und warm halten.

4. Spinat verlesen, waschen und im Durchschlag abtropfen lassen. Schalotten fein würfeln, Knoblauch fein hacken. Butter in einem großen flachen Topf erhitzen, Schalotten und Knoblauch darin glasig dünsten. Sahne zugeben und auf die Hälfte einkochen lassen. Die Hälfte des Spinats zugeben und abgedeckt bei mittlerer Hitze zusammenfallen lassen. Restlichen Spinat untermischen und offen bei starker Hitze zusammenfallen lassen. Spinat mit Salz, Pfeffer und Muskat würzen.

5. Knödel mit einer Schaumkelle herausnehmen, gut abtropfen lassen, mit etwas Spinat und einigen abgetropften Radieschen auf vorgewärmten tiefen Tellern anrichten. Knödel mit der zerlassenen Butter übergießen. Mit den restlichen Radieschen sofort servieren.

Pro Portion: 12 g E, 43 g F, 45 g KH = 627 kcal (2626 kJ)

Wie macht man eigentlich …

Kartoffelpüree

GUT ZU WISSEN

Für Kartoffelpüree bitte nie den Pürierstab benutzen, er macht eine zähe, kleistrige Masse daraus.

Püree geht auch mit festkochenden Kartoffeln, wird aber nicht so locker – am besten mit Butterstuckchen und ganz wenig Milch leicht stückig stampfen.

***Muskat** frisch gerieben verwenden, er schmeckt viel aromatischer als Pulver.*

Püree immer sofort servieren, durch das Warmhalten wird es pappig. Reste löffelweise in einer Butter-Öl-Mischung schnell und heiß braten – eine tolle Beilage.

Tipp Verwenden Sie immer kalte Butter, nie geschmolzene. So vermeiden Sie, dass das Püree zu flüssig wird. Und der Buttergeschmack lässt sich feiner dosieren.

Koch-
schule

So einfach geht es Schritt für Schritt

1. Kartoffeln schälen, je nach Größe halbieren oder vierteln.

2. Garprobe mit dem Messer machen. Abgießen und ausdämpfen lassen.

3. Die heißen Kartoffeln portionsweise in die Kartoffelpresse geben und in eine große Schüssel pressen. Ein zweites Mal durchdrücken.

4. Heiße Milch unter Rühren zugeben. Mit dem Schneebesen zu Püree rühren.

5. Kalte Butterstückchen untermischen. Muskat darüberreiben.

6. Püree glatt rühren.

Rezept siehe Seite 170

Kartoffelpüree – der Klassiker

Für 8 Portionen (als Beilage)
Zubereitungszeit: 50 Minuten

1,5 kg große mehlige oder vorwiegend festkochende Kartoffeln
Salz
300 ml Vollmilch
200 ml Schlagsahne
100 g Butter (kalt)
Muskat

1. Kartoffeln schälen, halbieren (größere vierteln). In einem Topf mit kaltem Salzwasser zugedeckt aufkochen. Mit halb geöffnetem Deckel 25–30 Minuten weich kochen (mit einem spitzen Messer prüfen, ob die Kartoffeln weich sind: Sie dürfen nicht zerfallen!). Abgießen und offen auf dem ausgeschalteten, noch heißen Herd gut ausdämpfen lassen (beim Gasherd auf kleinster Stufe).

2. Milch und Sahne erhitzen, mit Salz würzen. Butter in Stückchen schneiden. Die heißen Kartoffeln portionsweise durch die Kartoffelpresse drücken. Vorgang wiederholen (dadurch wird das Püree feiner), dabei den Kartoffelschnee direkt in den Topf drücken und auf den Herd stellen. Milchmischung unter Rühren mit dem Schneebesen bei milder Hitze nach und nach zugießen, das Püree glatt rühren. Butter zugeben. Mit Muskat würzen. Püree glatt rühren und sofort servieren.

Pro Portion: 4 g E, 19 g F, 26 g KH = 303 kcal (1268 kJ)

Püree mit Aroma

Limetten-Avocado-Püree

Für 4 Portionen
Zubereitungszeit: 50 Minuten

½ Bio-Limette
5 Stiele Koriandergrün
1 Avocado (250 g)
Chiliflocken

1. Die Limettenschale fein abreiben. Frucht halbieren und 2–3 El Limettensaft auspressen. Blätter vom Koriandergrün abzupfen und grob hacken. Avocado halbieren, den Kern entfernen, Fruchtfleisch mit einem Löffel aus der Schale lösen. Alles mit einer Gabel grob zerdrücken und mit ⅓ des frisch zubereiteten Kartoffelpürees (Rezept Seite 170) mischen. Mit Chiliflocken bestreut servieren.

Pro Portion: 4 g E, 24 g F, 20 g KH = 318 kcal (1332 kJ)

Paprikapüree

Für 4 Portionen
Zubereitungszeit: 50 Minuten

2 rote Paprikaschoten (à 220 g)
1 Knoblauchzehe
grobes Meersalz
50 g schwarze Oliven (entsteint)
2 El Olivenöl
½ Tl Tomatenmark
Salz
Pfeffer
1 Spritzer Rotweinessig

1. Paprika vierteln, entkernen und mit der Hautseite nach oben auf einem Backblech verteilen. Unter dem vorgeheizten Backofengrill (bei ca. 250 Grad) auf der 2. Schiene von oben 10–15 Minuten grillen, bis die Haut schwarze Blasen wirft. Herausnehmen, mit einem feuchten Tuch bedecken und abkühlen lassen. Paprika häuten und das Fruchtfleisch klein schneiden. Knoblauch grob schneiden und mit ½ Tl grobem Meersalz zu einer feinen Paste verreiben. Oliven klein schneiden.

2. Olivenöl in einem Topf erhitzen, Knoblauchpaste darin andünsten. Paprika und Oliven zugeben. Tomatenmark einrühren. Alles bei milder Hitze 5 Minuten dünsten, mit Salz, Pfeffer und Rotweinessig abschmecken. Mit ⅓ des frisch zubereiteten Kartoffelpürees (Rezept Seite 170) mischen und sofort servieren.

Pro Portion: 5 g E, 25 g F, 21 g KH = 338 kcal (1415 kJ)

Fenchel-Safran-Püree

Für 4 Portionen
Zubereitungszeit: 50 Minuten

1 Fenchelknolle (220 g)
2 El Olivenöl
2–3 El trockener Wermut (z. B. Noilly Prat)
1 Msp. Safranfäden (6–8 Stück)
Salz
Pfeffer
5 Stiele Kerbel
1 El Crème fraîche

1. Von der Fenchelknolle das Grün abschneiden. Fenchel vierteln, Strunk herausschneiden. Fenchel fein würfeln (oder in feine Streifen schneiden) und in einem Topf in Olivenöl glasig andünsten. Mit Wermut ablöschen, 3–4 El Wasser zugeben und mit halb geöffnetem Deckel 10–15 Minuten weich dünsten. In den letzten 5 Minuten die Safranfäden zugeben und die Flüssigkeit fast vollständig einkochen lassen. Mit Salz und wenig Pfeffer würzen. Blättchen vom Kerbel abzupfen und mit dem Fenchelgrün fein schneiden. Fenchel, Kräuter und Crème fraîche mit ⅓ des frisch zubereiteten Kartoffelpürees (Rezept Seite 170) mischen und sofort servieren.

Pro Portion: 4 g E, 25 g F, 20 g KH = 330 kcal (1384 kJ)

Wie macht man eigentlich …

Spätzle

GUT ZU WISSEN

Das Spätzlebrett ist meist aus unbehandeltem Holz und hat am oberen Ende einen Griff. Es läuft nach unten keilförmig aus, damit sich der Teig gut vom Brett schaben lässt.

Die Spätzlepresse erleichtert die Arbeit. Der Teig wird in die Presse gefüllt und durch das Sieb ins kochende Wasser gepresst. „Faule-Weiber-Spätzle" nennen die Schwaben die so zubereitete Mehlspeise.

***Der Knöpflehobel** besitzt einen Schlitten. Der wird mit Teig gefüllt und auf den Hobel gesetzt. Diesen legt man auf den Topfrand und fährt den Schlitten hin und her. Der Teig wird nachgedrückt, die runden Knöpfle fallen in den Topf.*

Zubereitung: Spätzle in einem großen Topf mit viel Salzwasser kochen, damit sie sich während des Kochvorgangs ausdehnen können, ohne zusammenzukleben. Nur kurz aufkochen lassen. Wenn sie zu lange kochen, werden sie kleistrig.

Koch-
schule

So einfach geht es Schritt für Schritt

1. Eier, Mineralwasser und 1 Prise Salz in einer Schüssel verquirlen.

2. Das Mehl, am besten Weizendunst, mit einem Schneebesen unterrühren.

3. Den Teig mit einem Holzlöffel schlagen, bis er glänzt und Blasen wirft.

4. Teig mit dem Spätzleschaber ins kochende Wasser schaben.

5. Herausheben, wenn die Spätzle oben schwimmen.

Rezept siehe Seite 176

Spätzle

Grundrezept

Für 6 Portionen (als Beilage)
Zubereitungszeit: 50 Minuten

6 Eier (Kl. M)
Salz
100–150 ml Mineralwasser
400 g Weizendunst (z. B. von der Adlermühle, ersatzweise Weizenmehl)
50 g Butter
Muskat

Außerdem: Spätzlebrett oder Spätzlepresse

1. Eier in einer Schüssel mit 1 Prise Salz und 100 ml Mineralwasser verquirlen, Weizendunst mit einem Schneebesen einrühren. Die Konsistenz von Weizendunst – doppelt griffiges Mehl – liegt zwischen glattem Mehl und Grieß. Dadurch bekommen die Spätzle ihren schönen Biss. Den Teig mit einem Kochlöffel 5–10 Minuten „schlagen", bis er seidig glänzt und geschmeidig wird. Ist er zu fest, weiteres Mineralwasser zugeben. Teig mit einem Tuch bedecken, 20 Minuten ruhen lassen.

2. Reichlich leicht gesalzenes Wasser in einem möglichst breiten Topf aufkochen, dann haben die Spätzle beim Aufsteigen genügend Platz. Ein Spätzlebrett mit dem gesalzenen Wasser befeuchten. Etwas Teig mit einer Palette dünn auf das Brett streichen und mit dem Spätzleschaber dünne Spätzle-Abschnitte direkt ins kochende Wasser schaben. Sobald die Spätzle an der Wasseroberfläche schwimmen, sind sie gar. Spätzle herausheben und kurz abtropfen lassen. Die Spätzle in einer Pfanne mit wenig zerlassener Butter schwenken. Mit Salz und etwas Muskat würzen. Mit den restlichen Spätzle genauso verfahren.

Pro Portion: 13 g E, 13 g F, 49 g KH = 372 kcal (1560 kJ)

Käsespätzle

Für 4 Portionen
Zubereitungszeit: 1 Stunde

1 Rezept Spätzleteig (siehe Grundrezept; ohne Butter und Muskat)
250 g Bergkäse (mittelalt)
150 g Butter
Muskat
400 g Zwiebeln
1 Sternanis
4 Stiele Petersilie
Salz

Außerdem: ofenfeste Form (25 x 18 cm), Spätzlebrett oder Spätzlepresse

1. Spätzleteig nach Grundrezept zubereiten und abgedeckt ruhen lassen. Käse grob raspeln. Eine Form mit wenig Butter einstreichen und mit Muskat bestreuen.

2. Zwiebeln in dünne Streifen schneiden. Die restliche Butter mit Sternanis in einer Pfanne erhitzen und die Zwiebeln darin in ca. 15 Minuten braun braten. Petersilienblätter von den Stielen zupfen und hacken. Ofen auf 120 Grad (Gas 1, Umluft nicht empfehlenswert) vorheizen und die Auflaufform hineinstellen.

3. Reichlich leicht gesalzenes Wasser in einem breiten Topf aufkochen. 1 Portion Spätzleteig schaben und garen. Sobald die Spätzle an der Wasseroberfläche schwimmen, mit einer Schaumkelle herausnehmen, abtropfen lassen und in der Form verteilen. Mit etwas Käse bestreuen und die Form zurück in den Ofen stellen. Mit dem restlichen Spätzleteig und Käse ebenso verfahren. Zum Schluss noch mal reichlich Käse auf die Spätzle streuen und die Käsespätzle noch mal 5 Minuten bei 120 Grad (Gas 1, Umluft nicht empfehlenswert) im Ofen garen, bis die letzte Käseschicht geschmolzen ist. Die Zwiebeln erhitzen, den Sternanis entfernen und die Petersilie untermischen. Die Zwiebeln zu den Käsespätzle servieren.

Pro Portion: 40 g E, 57 g F, 78 g KH = 1010 kcal (4228 kJ)

Spinatspätzle mit Specksauce und Zander

Für 4 Portionen
Zubereitungszeit: 50 Minuten

Spinatspätzle und Spinat

½ Portion Spätzleteig (siehe Grundrezept Seite 176; ohne Butter und Muskat)
600 g frischer Spinat
1 El Schalotte
1 El Öl
Salz
Muskat
1 El Butter
2 El frisch geriebener Meerrettich

Sauce und Zander

100 g durchwachsener Speck
100 ml Weißwein
100 ml Geflügelfond
250 ml Schlagsahne
Salz
Pfeffer
2 El Öl
8 Zanderfilets (à 60 g, aus dem dicken Filet, ohne Haut und Gräten)
einige Spritzer Zitronensaft

Außerdem: Mulltuch, Spätzlebrett oder Spätzlepresse

1. Spätzleteig nach Grundrezept zubereiten und abgedeckt 20 Minuten ruhen lassen. Spinat putzen, waschen und gut abtropfen lassen. 300 g Spinat in einem Küchenmixer mit 700 ml kaltem Wasser sehr fein pürieren und durch ein Sieb in einen Topf gießen. Das Püree unter leichtem Rühren auf 70–80 Grad erhitzen, damit sich das grüne Chlorophyll an der Oberfläche absetzt, und vorsichtig durch ein mit einem Mulltuch ausgelegtes Sieb gießen. Die grüne Paste im Tuch mit einem Löffel abschaben und unter den Teig mischen. So werden die Spätzle grün und bekommen einen feinen Spinatgeschmack.

2. Für die Sauce den Speck fein schneiden und in einem Topf ohne Fett andünsten. Mit Wein ablöschen und mit Geflügelfond und Sahne auffüllen. Bei mittlerer Hitze auf etwa die Hälfte cremig einkochen lassen. Durch ein Sieb in einen anderen Topf gießen. Specksauce mit wenig Salz und Pfeffer würzen, mit einem Schneidstab aufmixen und beiseitestellen.

3. Schalotte fein würfeln. In einem Topf im heißen Öl glasig dünsten. Den restlichen Spinat zugeben und zugedeckt 3–4 Minuten garen, bis der Spinat zusammengefallen und nur knapp gegart ist. Mit Salz und Muskat würzen.

4. Für die Spätzle reichlich Salzwasser aufkochen. Butter in einer Pfanne erhitzen. Den Spätzleteig portionsweise schaben (oder durch die Presse drücken) und garen. Sobald die Spätzle an der Oberfläche schwimmen, mit einer Schaumkelle herausnehmen. Abtropfen lassen und in der Pfanne in der Butter schwenken.

5. Öl in einer Pfanne erhitzen. Die Zanderfilets auf beiden Seiten je 3 Minuten knusprig braten. Mit Salz, Pfeffer und etwas Zitronensaft würzen.

6. Specksauce erhitzen, gut durchmixen und mit Spinat, Spätzle und Zander servieren. Mit Meerrettich bestreuen.

Tipp Speck bringt reichlich Salz mit! Probieren Sie die Sauce deshalb lieber vor dem Salzen.

Pro Portion: 41 g E, 43 g F, 39 g KH = 723 kcal (3030 kJ)

Spätzle-Linsen-Salat mit sauren Zipferln

Für 4 Portionen
Zubereitungszeit: 1 Stunde
Garzeit für die Würste: 15 Minuten

Salat

½ Portion Spätzleteig (siehe Grundrezept Seite 176; ohne Butter und Muskat)
100 g Berglinsen oder Alblinsen
Salz
8 El Weißweinessig
Pfeffer
½ Tl getrocknete Chiliflocken
Zucker
10 El Traubenkernöl
10 El Sonnenblumenöl
80 g Feldsalat
1 Bund Schnittlauch

Zipferl

1 rote Zwiebel (200 g)
100 ml Weißweinessig
3 Tl Senfsaat
1 El schwarze Pfefferkörner
4 Wacholderbeeren
3 Gewürznelken
4 Lorbeerblätter
1 Tl Kümmelsaat
12 kleine Nürnberger Bratwürste

Außerdem: Spätzlebrett oder -presse

1. Für den Salat den Spätzleteig nach Grundrezept zubereiten und abgedeckt ruhen lassen. Inzwischen die Linsen in kochendem Wasser 20–30 Minuten garen. In den letzten 5 Minuten das Linsenwasser leicht salzen. Für die Vinaigrette Essig mit Salz, Pfeffer, Chiliflocken und 1 Prise Zucker verrühren. Beide Ölsorten zugeben und unterrühren. Linsen abgießen, gut abtropfen lassen und mit der Vinaigrette marinieren.

2. Den Spätzleteig portionsweise schaben (oder durch die Presse drücken) und garen. Mit einer Schaumkelle herausheben, abtropfen lassen und mit den Linsen mischen.

3. Für die sauren Zipferl die Zwiebel achteln. Mit Essig, 1 l Wasser und den Gewürzen aufkochen. Dann das Ganze 10 Minuten ziehen lassen: Die Gewürze brauchen Zeit, um ihren Geschmack abzugeben. Fond nochmals aufkochen, die Hitze reduzieren und die Würste dazugeben. Im heißen, aber nicht kochenden Sud 15 Minuten ziehen lassen.

4. Feldsalat putzen, waschen und gut abtropfen lassen. Schnittlauch in feine Röllchen schneiden. Feldsalat unter die Spätzle-Linsen mischen. Würste mit etwas Sud dazu servieren. Mit Schnittlauch bestreuen.

Pro Portion: 41 g E, 95 g F, 48 g KH = 1249 kcal (5228 kJ)

Haselnuss-Spatzen mit Quittenkompott

Für 6 Portionen
Zubereitungszeit: 1:10 Stunden
Garzeit für die Quitten: 30 Minuten

Haselnuss-Spatzen

- 250 g Vollmilchquark
- 4 Eier (Kl. M)
- 50 ml Milch
- Salz
- 1 El Zucker
- 250 g Weizendunst (siehe Grundrezept Seite 176, Punkt 1; ersatzweise Weizenmehl)
- 2 Tl fein abgeriebene Bio-Zitronenschale
- 50 g Butter
- 50 g Semmelbrösel
- 60 g gemahlene Haselnusskerne
- Puderzucker zum Bestäuben

Quittenkompott

- 2 Quitten (à 250–300 g)
- 3 Bio-Zitronenscheiben
- 250 ml Weißwein
- 50 g Zucker
- 1 kleine Zimtstange
- 1 Tl Speisestärke

Außerdem: Küchentuch

1. Für den Teig den Quark 30–40 Minuten in einem Sieb gut abtropfen lassen. Eier mit der Milch, je 1 Prise Salz und Zucker verquirlen. Nach und nach den Weizendunst, dann den abgetropften Quark und die Zitronenschale einrühren. Dann den Teig 5–6 Minuten mit einem Holzkochlöffel schlagen, bis er geschmeidig wird und glänzt, und mit einem Tuch bedeckt 20 Minuten ruhen lassen.

2. Butter zerlassen, Semmelbrösel, restlichen Zucker und Nüsse dazugeben und gut mischen. Alles 1–2 Minuten bei mittlerer Hitze rösten, damit die Nüsse kräftiger schmecken.

3. Für das Kompott die Quitten schälen, vierteln und entkernen. Die Quittenviertel mit den Zitronenscheiben in kaltes Wasser legen, damit sich die Früchte nicht verfärben. Dann die Quittenschalen und -abschnitte mit Wein, 250 ml Wasser, Zucker und Zimtstange aufkochen. Bei milder Hitze offen 5 Minuten einkochen und 15 Minuten ziehen lassen. Den Sud durch ein Sieb in einen anderen Topf gießen (ergibt ca. 400 ml).

4. Die Quitten aus dem Wasser nehmen und 1 cm groß würfeln. Quittenwürfel 10–15 Minuten im Sud weich kochen, sie sollen dabei aber nicht zerfallen. Die Stärke mit nur wenig kaltem Wasser an- und unter das Kompott rühren: Das Kompott soll nur leicht gebunden sein.

5. Reichlich leicht gesalzenes Wasser in einem breiten Topf aufkochen. Mit zwei befeuchteten Teelöffeln aus dem Teig kleine Nocken formen und direkt ins siedende Wasser gleiten lassen. Sobald sie an die Oberfläche steigen, müssen sie noch ca. 5 Minuten ziehen. Mit einer Schaumkelle herausnehmen, gut abtropfen lassen und in den Haselnussbröseln wenden. Mit etwas Quittenkompott auf Tellern anrichten und dick mit Puderzucker bestäuben.

Tipp Wenn Sie keine Quitten bekommen, nehmen Sie Birnen. Sie haben aber eine geringere Garzeit.

Pro Portion: 16 g E, 22 g F, 60 g KH = 534 kcal (2238 kJ)

Wie macht man eigentlich ...

Maultaschen

GUT ZU WISSEN

Der Teig gelingt am besten mit fein gemahlenem Weizenmehl (Type 00 oder 405) oder doppelt gemahlenem Hartweizengrieß.

Die Füllung sollte kräftig gewürzt sein, da die Maultaschen beim Garziehen im Wasser in der Regel etwas Geschmack einbüßen.

***Die Technik** ist entscheidend: Rollen Sie den Teig nur locker auf, damit die Füllung schön fluffig bleibt.*

In der Brühe: Die frischen Maultaschen werden in einer kräftigen Brühe etwa 10 Minuten gegart. Man kann in die Suppe etwas Gemüse geben, aber eigentlich sind die Maultaschen an sich „genug“. Etwas Petersilie gibt dem Ganzen Farbe.

„Geschmälzt“: Die heißen Maultaschen werden mit angedünsteten Zwiebeln verzehrt. Schwäbisch traditionell ist, wenn man dazu Kartoffelsalat serviert.

Koch-schule

So einfach geht es Schritt für Schritt

1. Teigzutaten kräftig durchkneten.

2. Zwiebeln und Petersilie in Butter 3–4 Minuten dünsten.

3. Zutaten für die Füllung mischen.

4. Teig dritteln und dünn ausrollen.

5. Füllung auf dem Teig glatt streichen.

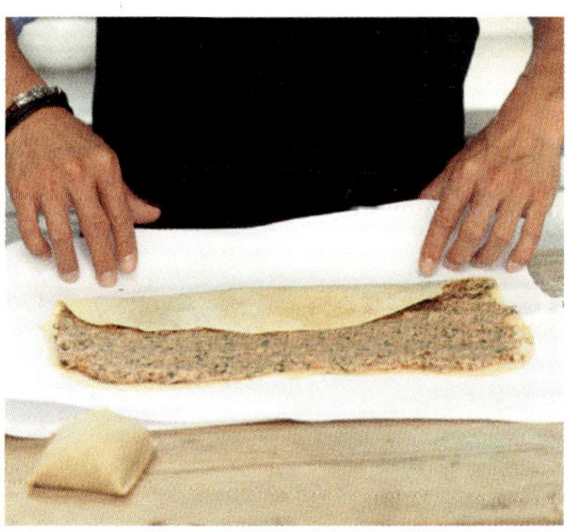

6. Teig mithilfe des Küchentuchs locker von der langen Seite aufrollen.

7. Rolle mit dem Kochlöffelstiel in 4 gleich große Stücke unterteilen.

8. Maultaschen gar ziehen lassen.

Rezept siehe Seite 186

Maultaschen – der Klassiker

Für 4 Portionen (12 Stück)
Zubereitungszeit: 1 Stunde
Garzeit: 10 Minuten
Ruhezeit: 30 Minuten

Teig

2 Eier (Kl. M)
200 g Mehl (Type 00 oder 405)
30 g Hartweizengrieß
Salz

Füllung

2 Brötchen (vom Vortag)
100 ml Schlagsahne
400 g Zwiebeln
1 El Butter
1 Bund glatte Petersilie (70 g)
Salz
Pfeffer
Zucker
300 g gemischtes Hackfleisch
200 g Bratwurstbrät
1–2 El Semmelbrösel
3 Eier (Kl. M)
Muskat
1 Tl Majoran
1 l kräftiger Rinderfond
½ Bund Schnittlauch

Außerdem: Mehl zum Bearbeiten

1. Für den Teig Eier mit 3–4 El Wasser verquirlen. Mit Mehl, Grieß und 1 kräftigen Prise Salz zu einem glatten festen Teig verarbeiten. Teig auf der bemehlten Arbeitsfläche 1 Minute kräftig kneten. Abgedeckt 30 Minuten ruhen lassen.

2. Brötchen in dünne Scheiben schneiden und in eine Schüssel geben. Sahne erhitzen und über die Brötchen geben. Zwiebeln fein würfeln. Butter in einer Pfanne zerlassen, Zwiebeln darin glasig dünsten. Petersilie mit den Stielen fein hacken, zu den Zwiebeln geben und 3–4 Minuten dünsten. Mit Salz, Pfeffer und 1 Prise Zucker würzen und abkühlen lassen.

3. Hack, Brät, Brötchen, Semmelbrösel, Eier und Zwiebelmischung in einer Schüssel zu einer geschmeidigen Masse verarbeiten. Kräftig mit Salz, Pfeffer, Muskat und Majoran würzen. Füllung abgedeckt kalt stellen.

4. Teig in 3 Portionen teilen. 1 Portion auf der bemehlten Arbeitsfläche 2 mm dünn auf ca. 42 x 30 cm ausrollen. Teig auf ein Küchentuch legen. 1 Drittel der Füllung auf dem Teig glatt streichen. Teig mithilfe des Küchentuchs von der langen Seite locker aufrollen. Rolle mit dem Kochlöffelstiel in 4 gleich große Stücke unterteilen, Teig dabei fest andrücken. Die Stücke mit einem Messer abtrennen. Restlichen Teig und restliche Füllung ebenso verarbeiten. Der Teig muss, anders als bei Ravioli, die Füllung nicht komplett umschließen. Sie hat genug Bindung, dass sie beim Garen nicht auseinanderfällt.

5. Rinderfond erhitzen. Maultaschen in reichlich kochendes Salzwasser geben, Hitze reduzieren und die Maultaschen darin 10 Minuten gar ziehen (nicht kochen!) lassen. Abtropfen lassen. Schnittlauch in feine Röllchen schneiden.

6. Maultaschen in wenig Rinderfond mit Schnittlauch bestreut servieren.

Tipp Wenn Sie kein loses Brät bekommen, können Sie auch eine ungebrühte Schweine- oder Kalbsbratwurst aus der Pelle drücken.

Pro Portion: 43 g E, 44 g F, 66 g KH = 855 kcal (3586 kJ)

Maultaschengröstl

Für 4 Portionen
Zubereitungszeit: 45 Minuten
Garzeit: ca. 40 Minuten

500 g mittelgroße festkochende Kartoffeln
Salz
150 g Zwiebeln
6 El Olivenöl
20 g Butter
Pfeffer
4 Maultaschen (klassisch: Rezept Seite 186; oder vegetarisch: Rezept Seite 190)
6 Stiele glatte Petersilie
150 g Bergkäse (gerieben)

1. Kartoffeln am besten schon am Vortag gründlich waschen und ungeschält in reichlich Salzwasser 25–30 Minuten zugedeckt garen. Abgießen und auskühlen lassen (nicht im Kühlschrank aufbewahren!).

2. Kartoffeln pellen und in ca. 5 mm dünne Scheiben schneiden. Zwiebeln fein würfeln und in einer großen ofenfesten Pfanne in 1 El Öl glasig dünsten. Herausnehmen und beiseitestellen. 3 El Öl in die Pfanne geben, Kartoffeln darin bei mittlerer bis starker Hitze 4–5 Minuten braten, wenden, Butter zugeben, weitere 8–10 Minuten bei mittlerer Hitze braten. Mit Salz und Pfeffer würzen und in eine Schale geben.

3. Maultaschen in ca. 5 mm dicke Scheiben schneiden. Petersilienblätter abzupfen und grob schneiden. Restliches Öl in der Pfanne erhitzen. Maultaschen darin bei mittlerer bis starker Hitze knusprig braun braten. Zwiebeln und Bratkartoffeln zugeben, mit Salz und Pfeffer würzen. Mit dem Käse und der Hälfte der Petersilie bestreuen.

4. Gröstl unter dem vorgeheizten Backofengrill auf der 2. Schiene von unten goldgelb überbacken. Mit restlicher Petersilie bestreut servieren.

Pro Portion: 26 g E, 39 g F, 39 g KH = 677 kcal (2837 kJ)

Maultaschen mit Spinat-Pilz-Füllung

Für 4 Portionen
Zubereitungszeit: 1 Stunde
Garzeit: 35 Minuten

Teig

1 Nudelteig (siehe Grundrezept Seite 186)

Füllung

1 Brötchen (vom Vortag)
50 ml Schlagsahne
250 g Wurzelspinat
300 g Champignons
1 Knoblauchzehe
400 g Zwiebeln
10 g Butter
Salz
Zucker
70 g Semmelbrösel
3 Eier (Kl. M)
1 Eigelb (Kl. M)
100 g italienischer Hartkäse (z. B. Grana Padano; grob gerieben)
Pfeffer
Muskat
½ Tl edelsüßes Paprikapulver

Rotweinbutter und Zwiebeln

90 g Butter
2 Schalotten
750 ml trockener Rotwein
1 Tl schwarze Pfefferkörner
2 Lorbeerblätter
Salz
Zucker
400 g Zwiebeln
3 El Olivenöl
4 Stiele glatte Petersilie

1. Für die Füllung Brötchen in dünne Scheiben schneiden und in eine Schüssel geben. Sahne erhitzen und über die Brötchenscheiben geben.

2. Spinat in lauwarmem Wasser gründlich waschen und putzen (die Stiele werden mitverwendet). Spinat trocken schleudern und fein hacken. Pilze putzen und fein würfeln. Knoblauch fein hacken. Zwiebeln fein würfeln. Butter in einer Pfanne zerlassen, Zwiebeln darin glasig dünsten. Pilze und Knoblauch zugeben und 8–10 Minuten dünsten. Spinat zugeben, zusammenfallen lassen und so lange dünsten, bis die Flüssigkeit fast vollständig verdampft ist. Mit Salz und 1 Prise Zucker würzen. Semmelbrösel zugeben und 3–4 Minuten dünsten. Abkühlen lassen.

3. Brötchen ausdrücken. Spinatmischung mit Eiern, Eigelb, Brötchen und Käse in eine Schale geben. Kräftig mit Salz, Pfeffer, Muskat und Paprika würzen und zu einem glatten Teig verkneten. Abgedeckt kalt stellen.

4. Für die Rotweinbutter Butter in kleine Würfel schneiden und ins Eisfach legen. Schalotten grob schneiden. Rotwein, Schalotten, Pfeffer und Lorbeer in einem Topf bei mittlerer Hitze auf ca. 150 ml einkochen. Durch ein Sieb passieren und mit Salz und 1 Prise Zucker würzen.

5. Für die Schmelzzwiebeln Zwiebeln in dünne Scheiben schneiden. Öl in einer Pfanne erhitzen und die Zwiebeln darin bei mittlerer Hitze goldgelb braten.

6. Teig in 3 Portionen teilen. 1 Portion auf der bemehlten Arbeitsfläche 2 mm dünn auf ca. 42 x 30 cm ausrollen. Teig auf ein Küchentuch legen. 1 Drittel der Füllung auf dem Teig glatt streichen. Teig mithilfe des Küchentuchs von der langen Seite locker aufrollen und die Rolle mit dem Kochlöffelstiel in 4 gleich große Stücke unterteilen, Teig dabei fest andrücken. Stücke mit einem Messer abtrennen. Restlichen Teig und restliche Füllung ebenso verarbeiten.

7. Maultaschen in reichlich kochendes Salzwasser geben, Hitze reduzieren und 10 Minuten gar ziehen (nicht kochen!) lassen. Rotweinreduktion erhitzen, eiskalte Butterwürfel nach und nach mit dem Schneebesen unterrühren. Petersilienblätter abzupfen und fein schneiden. Maultaschen mit Rotweinbutter, Schmelzzwiebeln und Petersilie bestreut servieren.

Tipp Verwenden Sie für die vegetarische Füllung Wurzelspinat mitsamt den Stielen – da steckt eine Menge Aroma drin.

Pro Portion: 33 g E, 50 g F, 80 g KH = 962 kcal (4029 kJ)

Wie macht man eigentlich ...

Serviettenknödel

GUT ZU WISSEN

Das alles sollten Sie zur Hand haben, wenn Sie – wie wir – gleich 3 Serviettenknödel gleichzeitig machen möchten:

Zum Mischen: Sie brauchen eine riesige Schüssel mit mindestens 10 Liter Inhalt, um die große Menge Brot gut mischen zu können.

Zum Wickeln: *Am besten nehmen Sie mehrere Mulltücher oder Windeln aus dem Drogeriemarkt zum Einrollen. Damit das Essen nicht nach Seife schmeckt, die Tücher zuvor ohne Waschpulver bei 90 Grad waschen. Außerdem brauchen Sie eine ausreichende Menge Küchengarn.*

Zum Garen: Der Bräter muss richtig groß sein. Am besten ist er außerdem rechteckig und mindestens 35 cm lang.

Koch-schule

So einfach geht es Schritt für Schritt

1. Gewürzte Milch zu Brotwürfeln, Zwiebeln und Petersilie geben und mischen.

2. Butter schaumig aufschlagen und Eigelbe unterrühren.

3. Eiweiß ganz vorsichtig mit der Brotmasse mischen.

4. Brotmasse fest in Tücher einrollen.

Rezept siehe Seite 194

Serviettenknödel – der Klassiker

Für 3 Knödel à ca. 30 cm Länge
Zubereitungszeit: 1 Stunde
Garzeit: 40 Minuten

450 g Zwiebeln
2 Bund Petersilie
3 El Öl
15 Semmeln, Brötchen, Schrippen (mind. 1 Tag, max. 2 Tage alt)
1 Kastenweißbrot (2 Tage alt)
ca. 520 ml Milch
Salz
Pfeffer
Muskat
9 Eier (Kl. M)
150 g weiche Butter

1. Zwiebeln fein würfeln. Petersilie fein hacken. Zwiebeln in einer Pfanne im heißen Öl 2–3 Minuten glasig dünsten. Petersilie zugeben, kurz mitdünsten. Brötchen und Brotrinde fein abreiben (das Abgeriebene z.B. für Semmelbrösel verwenden). Brötchen und Brot in 1–2 cm große Würfel schneiden (ergibt ca. 800 g Brotwürfel). Entscheidend für die Konsistenz der Knödel ist das Alter der Brötchen (siehe Tipp). Optimal sind 2 Tage alte: Sie nehmen genügend Flüssigkeit auf, behalten aber ihre Struktur und Lockerheit. Zwiebeln und Petersilie zum Brot geben. Milch mit Salz, Pfeffer, Muskat aufkochen und mit den Brotwürfeln in einer großen Schüssel mischen. Masse mit einem Topfdeckel direkt abgedeckt 20 Minuten ziehen lassen. So bleibt die Milch länger warm, die Brötchen nehmen die Flüssigkeit gut auf, und der eigene Kleber kann sich lösen.

2. Eier trennen. Butter mit den Quirlen eines elektrischen Handrührers 4–5 Minuten schaumig schlagen. Nach und nach die Eigelbe unterrühren. Buttercreme und Brotmasse mit den Händen gut mischen.

3. Eiweiße mit 1 Prise Salz steif schlagen und vorsichtig mit der Brotmasse mischen. „Locker unterheben" ist das Stichwort – also nicht wie wild durchkneten, sondern nur gerade so, dass sich alles vermischt hat und der Knödel beim Garen bindet.

4. Die Masse dritteln, jeweils auf der unteren Seite von 3 feuchten Tüchern (am besten Windeln) kompakt verteilen. Zu je einer 30 cm langen Rolle formen. Mithilfe der Tücher fest einrollen, Enden mit Küchengarn zusammenbinden.

5. Reichlich leicht gesalzenes Wasser in einem Bräter aufkochen. Die Serviettenknödel hineinlegen, Hitze reduzieren und mit Deckel in siedendem Wasser 30–40 Minuten garen. Dabei einmal wenden.

6. Die Knödel aus dem Wasser nehmen und abtropfen lassen. Knödel auswickeln, in jeweils ca. 10 Scheiben scheiden. Dazu passt Morchelragout.

Tipp Nehmen Sie die Brötchen rechtzeitig aus der Tüte, damit sie gut antrocknen können – in der Tüte würde das zu lange dauern.

Pro Scheibe: 5 g E, 8 g F, 16 g KH = 162 kcal (677 kJ)

Knödelsalat

Für 4 Portionen
Zubereitungszeit: 20 Minuten

- 100 g Feldsalat
- 2 rote Zwiebeln
- 50 g Kürbiskerne
- 5 El milder Weißweinessig
- Salz
- Pfeffer
- Zucker
- 2 El Rapsöl
- 6 El Öl
- 2 El steirisches Kürbiskernöl
- 250 g Kalbsfleischwurst
- ca. 400 g fertig gegarter Serviettenknödel (siehe Grundrezept Seite 194)

1. Feldsalat putzen, waschen, gut abtropfen lassen. Zwiebeln in Streifen schneiden und in kochendem Wasser blanchieren (siehe Tipp). Abgießen, abschrecken und abtropfen lassen. Kürbiskerne in einer trockenen Pfanne rösten.

2. 3 El Essig mit Salz, Pfeffer und 1 Prise Zucker verrühren. Dann mit dem Rapsöl, 4 El Öl und dem Kürbiskernöl mit einem Schneebesen verrühren.

3. Wurst erst in dünne Scheiben, dann in Streifen schneiden. Mit dem restlichen Essig, dem restlichen Öl und den Zwiebeln in einer Arbeitsschale mischen. Mit Salz und Pfeffer würzen.

4. Knödel in dünne Scheiben schneiden und auf einer Platte verteilen. Wurstsalat und Feldsalat kurz mischen und dann auf den Knödelscheiben verteilen. Mit den Kürbiskernen bestreuen und mit der Vinaigrette beträufeln.

Tipp Blanchieren Sie die Zwiebeln. Sie bleiben durch das ganz kurze Garen knackig.

Pro Portion: 20 g E, 58 g F, 23 g KH = 710 kcal (2972 kJ)

Knödelauflauf

Für 2 Portionen
Zubereitungszeit: 1 Stunde

250–300 g gegarter Serviettenknödel (siehe Grundrezept Seite 194)
3 El Öl
½ Bund Petersilie
70 g Bergkäse
2 Eier (Kl. M)
100 ml Schlagsahne
Salz
Pfeffer
Muskat
120 g gemischte Salate
½ Bund Dill
2 El Sherry-Essig
Zucker
6 El Rapsöl (kalt gepresst)

Außerdem: Küchenpapier

1. Serviettenknödel in 6–7 ca. 2 cm dicke Scheiben schneiden. In einer Pfanne Öl erhitzen. Die Knödelscheiben darin von beiden Seiten goldbraun anbraten. Auf Küchenpapier abtropfen lassen.

2. Petersilie grob hacken. Käse fein reiben. Gute Alternativen zum Bergkäse sind Fontina oder Appenzeller. Hauptsache, der Käse hat eine gute Schmelzeigenschaft. Wer es nicht so kräftig mag, nimmt einen jungen Gouda. Eier, Sahne, Salz, Pfeffer und Muskat in einem Messbecher mit einem Schneidstab fein pürieren. Petersilie dazugeben und kurz mitpürieren.

3. Knödelscheiben ziegelartig in eine kleine Auflaufform (600 ml Inhalt) schichten. Eiersahne angießen. Käse auf den Knödelscheiben verteilen. Im vorgeheizten Backofen bei 180 Grad (Gas 2–3, Umluft nicht empfehlenswert) auf der untersten Schiene 35–40 Minuten goldbraun backen.

4. Inzwischen den Salat putzen, waschen und gut abtropfen lassen. Dill grob zupfen. Den Essig mit Salz, Pfeffer, 1 Prise Zucker und Rapsöl verrühren.

5. Auflauf aus dem Ofen nehmen, kurz ruhen lassen. Salat und Dill mit der Vinaigrette mischen und mit dem Auflauf servieren.

Pro Portion: 36 g E, 98 g F, 57 g KH = 1289 kcal (5397 kJ)

Bauernknödel

Für 2 Portionen
Zubereitungszeit: 20 Minuten

- 1 Zwiebel
- 3 getrocknete Tomaten (ohne Öl)
- 50 g Pancetta (italienischer Bauchspeck)
- ca. 250 g fertig gegarter Serviettenknödel (siehe Grundrezept Seite 194)
- 3 El Öl
- 1 Zweig Rosmarin
- 2 El schwarze Oliven (in Öl, entsteint)
- 2 Eier (Kl. M)
- Salz
- Pfeffer
- 15 g italienischer Hartkäse (z. B. Grana Padano oder Parmesan)
- 1 Stiel Basilikum

1. Zwiebel, Tomaten und Pancetta in Streifen schneiden. Knödel erst in Scheiben schneiden, dann in grobe Stücke brechen.

2. Öl in einer Pfanne erhitzen. Die Knödelstücke darin von allen Seiten knusprig braten. Pancetta, Zwiebel und Tomaten zugeben und mitbraten. Rosmarinnadeln abzupfen und mit den Oliven dazugeben.

3. Eier verquirlen, mit Salz und Pfeffer würzen. Eier zu den Knödeln in die Pfanne geben und in 1–2 Minuten bei mittlerer Hitze gerade eben stocken lassen. Den Käse grob hobeln. Die Bauernknödel auf 2 Teller verteilen. Mit Parmesan bestreuen und eventuell mit frischem Basilikum servieren.

Tipp Mit Pancetta wird's richtig italienisch. Sie können stattdessen aber auch durchwachsenen Speck nehmen.

Pro Portion: 30 g E, 54 g F, 54 g KH = 840 kcal (3519 kJ)

Bratwurst-Serviettenknödel mit Sauerkraut

Für 4-6 Portionen
Zubereitungszeit: 50 Minuten
Garzeit: 1:30 Stunden
Ziehzeit: 10 Minuten

Sauerkraut
3 Zwiebeln
3 El Öl
1 Dose Weinsauerkraut (680 g)
500 ml Geflügelfond
6 Wacholderbeeren
4 Lorbeerblätter
300 g durchwachsener Speck am Stück
Salz, Pfeffer, Zucker

Bratwurst-Serviettenknödel
150 g Laugenbrötchen
1 Zwiebel
½ Bund glatte Petersilie
3-4 Stiele Majoran
1 El Butter
150 ml Milch
3 Eier (Kl. M)
300 g feines Bratwurstbrät
100 ml Schlagsahne
Salz, Pfeffer, Muskat

Senfsauce
2 Schalotten
1 El Butter
2 Lorbeerblätter
120 ml trockener Weißwein
300 ml Schlagsahne
Salz, Pfeffer, Zucker
2-3 Tl grober Senf

Frittierte Petersilie
½ Bund glatte Petersilie
1 El Mehl
100 ml Öl

Außerdem: Klarsichtfolie und Alufolie

1. Für das Sauerkraut Zwiebeln halbieren, in Streifen schneiden und in einem Topf im heißen Öl glasig dünsten. Sauerkraut zugeben und bei starker Hitze hellbraun anbraten. Mit Fond ablöschen. Wacholder, Lorbeer und Speck zugeben. Aufkochen und zugedeckt bei milder bis mittlerer Hitze 45 Minuten schmoren.

2. Speck herausnehmen, Schwarte entfernen. Speck quer in Scheiben schneiden, wieder zum Kraut geben. Sauerkraut mit Salz, Pfeffer und 1 Prise Zucker abschmecken, warm halten.

3. Für den Serviettenknödel das Salz von den Laugenbrötchen entfernen. Brötchen in ca. 1,5 cm große Würfel schneiden. Zwiebel fein würfeln, Petersilien- und Majoranblättchen abzupfen, fein hacken. Butter in einem Topf schmelzen, Zwiebel darin glasig dünsten. Kräuter zugeben, kurz mitdünsten. Milch zugießen, erhitzen. Über die Brötchen gießen. Eier verquirlen und untermischen. Masse 10 Minuten durchziehen lassen.

4. Bratwurstbrät mit Sahne fein pürieren, unter die durchgezogene Brötchenmasse mischen. Mit Salz, Pfeffer und Muskat würzen und alles locker zu einer gleichmäßigen Masse vermengen.

5. In einem breiten Topf reichlich Wasser aufkochen. 2 Bogen Klarsichtfolie (à ca. 40 x 25 cm) zuschneiden, auf die Arbeitsfläche legen. 2 Bogen Alufolie von gleicher Größe bereitlegen. Knödelmasse halbieren, jeweils in die Mitte der Klarsichtfolie geben, mithilfe der Folie zu einer ca. 6 cm dicken Rolle formen. Enden wie ein Bonbon zusammendrehen. Jeweils in Alufolie wickeln, gut verschließen. Ins kochende Wasser geben, bei milder bis mittlerer Hitze 35–40 Minuten gar ziehen lassen.

6. Für die Senfsauce Schalotten fein würfeln und in der heißen Butter glasig dünsten. Lorbeer zugeben, mit Wein ablöschen und fast vollständig einkochen lassen. Sahne zugießen, aufkochen und bei milder Hitze 10 Minuten kochen lassen. Lorbeer entfernen, Sauce mit dem Schneidstab fein pürieren und mit Salz, Pfeffer und 1 Prise Zucker würzen. Kurz vor dem Servieren den Senf unterrühren.

7. Für die frittierte Petersilie die Petersilienblättchen abzupfen und mit Mehl mischen. Überschüssiges Mehl abschütteln. Öl in einem kleinen Topf erhitzen. Petersilie darin nacheinander je 2–3 Sekunden frittieren (Achtung, es kann spritzen!), mit einer Schaumkelle herausheben. Auf Küchenpapier abtropfen lassen.

8. Serviettenknödel aus dem Wasser heben, gut abtropfen lassen und vorsichtig auspacken. Knödel in Scheiben schneiden und mit Sauerkraut, Senfsauce und frittierter Petersilie anrichten.

Pro Portion (bei 6 Portionen): 25 g E, 64 g F, 24 g KH = 793 kcal (3320 kJ)

Wie macht man eigentlich …

Pfannkuchen

GUT ZU WISSEN

Wenden: Wussten Sie, dass Kochlehrlinge ein Jahr lang immer wieder Pfannkuchen backen? Wer also ein elegantes Wendemanöver mit Looping beherrschen will: üben, üben und nochmals üben …

Der Teig: Sie möchten sehr lockere Pfannkuchen haben? Ersetzen Sie 50 ml Milch durch sprudelndes Mineralwasser. Für mehr Geschmeidigkeit können Sie auch flüssige Butter zum Teig geben (ca. 20 g für 8 Stück). Ganz wichtig: Ruhezeit für den Teig.

Die Pfanne: *Eine beschichtete mit niedrigem Rand ist ideal. Lassen Sie die Pfanne heiß werden und verteilen Sie dann ein wenig Fett darin (am besten einpinseln). Sobald sich der Pfannkuchen vom Boden lösen lässt, können Sie ihn wenden.*

Das Fett: Butter eignet sich nicht so gut, da sie schnell verbrennt. Verwenden Sie lieber Butterschmalz oder ein neutrales Öl.

Koch-
schule

So einfach geht es Schritt für Schritt

1. Mehl, Milch und Eier verrühren.

2. Den Teig ruhen lassen.

3. Pfannkuchen backen.

4. Mithilfe einer Palette wenden.

5. Zugedeckt warm halten.

Rezept siehe Seite 206

Pfannkuchen

Grundrezept

Für 8 Stück
Zubereitungszeit: 40 Minuten

150 g Mehl
Salz
250 ml Milch
2 Eier (Kl. M)
Butterschmalz zum Backen

1. Mehl mit 1 Prise Salz in eine Schüssel sieben. Die Milch unter Rühren dazugießen und mit einem Schneebesen glatt rühren. Die Eier kräftig unterrühren. Falls Klumpen entstehen, den Teig durch ein feines Sieb gießen.

2. Pfannkuchenteig 20 Minuten in der Schüssel ruhen lassen.

3. Eine beschichtete Pfanne (18 cm Ø) erhitzen, mit wenig Butterschmalz auspinseln und bei mittlerer Temperatur nacheinander 8 dünne Pfannkuchen darin backen.

4. Pfannkuchen mithilfe einer Palette wenden, sobald die Unterseite sich vom Boden lösen lässt.

5. Pfannkuchen bis zum Servieren auf einem Teller stapeln und zugedeckt warm halten.

Pro Stück: 4 g E, 10 g F, 15 g KH = 170 kcal (717 kJ)

Himbeer-Schaumpfannkuchen

Für 8 Stück
Zubereitungszeit: 30 Minuten
Ruhezeit: 20 Minuten

75 g Mehl
Salz
125 ml Milch
1 Ei (Kl. M)
125 g Himbeeren
20 g Pistazienkerne
20 g Zucker
Butterschmalz zum Backen
200 ml Schlagsahne
1 Pk. Vanillezucker
1–2 El Himbeergeist

1. Mehl mit 1 Prise Salz in eine Schüssel sieben. Die Milch unter Rühren dazugießen und alles mit einem Schneebesen glatt rühren.

2. Das Ei trennen. Das Eigelb kräftig unter den Teigansatz rühren. Falls Klumpen entstehen, den Teig durch ein feines Sieb gießen. Pfannkuchenteig 20 Minuten in der Schüssel ruhen lassen.

3. Himbeeren verlesen, Pistazien grob hacken. Das Eiweiß mit 1 Prise Salz steif schlagen, den Zucker dabei einrieseln lassen. Den Eischnee unter den Pfannkuchenteig heben.

4. Eine beschichtete Pfanne (28 cm Ø) erhitzen, mit wenig Butterschmalz auspinseln. 4 kleine Teigkreise (à ca. 5 cm Ø) in die Pfanne gießen. Himbeeren und Pistazien darauf verteilen. Bei milder Hitze 7 Minuten zugedeckt garen, sodass die Unterseite goldbraun wird. Pfannkuchen auf einem Teller im vorgeheizten Backofen bei 80 Grad (Gas 1, Umluft nicht empfehlenswert) auf der 2. Schiene von unten warm halten. Aus dem restlichen Teig wie beschrieben 4 weitere Pfannkuchen backen.

5. Sahne steif schlagen, dabei den Vanillezucker einrieseln lassen. Mit Himbeergeist abschmecken. Die warmen Schaumpfannkuchen mit der Schlagsahne servieren.

Pro Stück: 3 g E, 15 g F, 13 g KH = 210 kcal (879 kJ)

Kirsch-Clafoutis

Für 4 Portionen
Zubereitungszeit: 40 Minuten
Ruhezeit: 20 Minuten

150 g Mehl
Salz
250 ml Milch
2 Eier (Kl. M)
300 g Kirschen
1–2 El Kirschwasser
40 g Zucker
20 g Butter
20 g Semmelbrösel
40 g Nougat
Butter für die Förmchen
4 Kugeln Vanilleeis

Außerdem: Spritzbeutel

1. Mehl mit 1 Prise Salz in eine Schüssel sieben. Die Milch unter Rühren dazugießen und alles mit einem Schneebesen glatt rühren. 1 Ei trennen. Eigelb und das zweite Ei zum Teigansatz geben und kräftig unterrühren. Falls sich Klumpen bilden, den Teig durch ein feines Sieb gießen. Pfannkuchenteig in der Schüssel 20 Minuten ruhen lassen.

2. Kirschen halbieren, entsteinen und im Kirschwasser marinieren. Eiweiß mit 1 Prise Salz steif schlagen. Dabei 30 g Zucker einrieseln lassen. Eischnee unter den Teig heben.

3. Butter in einer Pfanne zerlassen und unter den Pfannkuchenteig heben. Dann Semmelbrösel und restlichen Zucker kurz in der Pfanne erhitzen und abkühlen lassen. Nougat in einer kleinen Schüssel über einem heißen Wasserbad schmelzen lassen, in einen kleinen Spritzbeutel geben.

4. 4 ofenfeste Förmchen (à ca. 12 cm Ø) fetten und den Teig einfüllen. Nougat auf die Masse spritzen und die abgetropften Kirschen auf die Förmchen verteilen. Brösel daraufstreuen und im vorgeheizten Backofen bei 200 Grad (Gas 3, Umluft 180 Grad) auf der 2. Schiene von unten in 10–15 Minuten goldbraun backen. Sofort mit Vanilleeis servieren.

Pro Portion: 11 g E, 16 g F, 60 g KH = 438 kcal (1834 kJ)

Sommerpäckchen

Für 4 Portionen
Zubereitungszeit: 1 Stunde

- 40 g Zucker
- 10 g Sonnenblumenkerne
- 200 g Doppelrahmfrischkäse
- 150 g Joghurt
- 30 g Puderzucker
- ½ Tl abgeriebene Bio-Zitronenschale
- 250 g Erdbeeren
- 250 g Himbeeren
- 4 Pfannkuchen (siehe Grundrezept Seite 206)
- 4 Stiele Zitronenmelisse

Außerdem: Backpapier, Küchengarn

1. Für den Krokant den Zucker in einer Pfanne ohne Rühren goldbraun karamellisieren lassen. Sonnenblumenkerne unter den flüssigen Karamell rühren, sofort auf ein Stück Backpapier gießen, glatt streichen und erkalten lassen.

2. Für die Füllung Frischkäse, Joghurt, Puderzucker und Zitronenschale in einer Schüssel glatt rühren. Beeren putzen und verlesen. Erdbeeren vierteln und zu den Himbeeren geben.

3. Pfannkuchen nach Grundrezept zubereiten. Jeweils einen Pfannkuchen in eine kleine Schüssel legen. 2 El Creme und 3 El Beeren in die Mitte geben. Pfannkuchen um die Füllung herum anheben, zu einem Päckchen formen und mit Küchengarn zusammenbinden. Die restlichen Pfannkuchen ebenso verarbeiten.

4. Krokant in Stücke brechen. Die Päckchen mit Zitronenmelisse und Krokant verzieren.

Pro Portion: 13 g E, 25 g F, 42 g KH = 458 kcal (1920 kJ)

Wie macht man eigentlich ...

Kalbssauce

GUT ZU WISSEN

Einkaufen: Bestellen Sie die Kalbsknochen möglichst vor. Nehmen Sie eine Mischung aus Markknochen und fleischigen Knochen, dann wird die Sauce besonders kräftig. Lassen Sie die Knochen am besten gleich von Ihrem Metzger hacken.

Abwarten: Damit die Sauce schön dunkel wird, rösten Sie die Knochen, bis sie braun sind. Das dauert relativ lange.

Kombinieren: *Kalbssauce schmeckt zu kurzgebratenem Fleisch – etwa zu Kalbsfilet mit Mangold.*

Einfrieren: Den restlichen Fond können Sie in 2 Portionen einfrieren, dann haben Sie immer einen Vorrat, wenn Sie mal ganz schnell eine dunkle Sauce brauchen.

Veredeln: Wie Sie Ihre Kalbssauce noch verfeinern können, lesen Sie auf Seite 217.

Koch-schule

So einfach geht es Schritt für Schritt

1. Knochen hacken und rösten.

2. Gemüse zugeben und mitrösten.

3. Tomatenmark unterrühren.

4. In einen Topf umfüllen.

5. Fond passieren ...

6. ... und entfetten.

Rezept siehe Seite 214

Kalbssauce

Für 4 Portionen
Zubereitungszeit: 45 Minuten
Garzeit: 7 Stunden

- 3 kg Kalbsknochen
- 3 El Öl
- 400 g Zwiebeln
- 400 g Möhren
- 300 g Knollensellerie
- 2 El Tomatenmark
- 1 Flasche trockener Rotwein
- 1 Bouquet garni (Kräutersträußchen, z. B. aus Thymian, Petersilie und Lorbeerblatt)
- 1 Tl Stärke (z. B. Speisestärke oder Pfeilwurzelmehl)
- Salz (ersatzweise 20 g gesalzene Butter; eiskalt)

1. Die Knochen so klein wie möglich hacken, damit beim Rösten möglichst viele Röststoffe entstehen. Öl in einem großen Bräter erhitzen und die Knochen darin rundum anbraten. Bräter bei 200 Grad (Gas 3, Umluft nicht empfehlenswert) auf die 2. Schiene von unten in den Backofen stellen. Knochen 1 Stunde bei 210 Grad rösten (Gas 3–4), dabei öfter wenden. Inzwischen das Schmorgemüse würfeln, nach 1 Stunde zu den Knochen geben und 30 Minuten mitrösten.

2. Bräter aus dem Backofen nehmen und auf der heißen Herdplatte weiterarbeiten. Tomatenmark einrühren, den Rotwein in 2–3 Portionen dazugießen und jeweils kräftig einkochen. Knochen und Gemüse vom Bräter in einen großen Topf umfüllen, 5 l kaltes Wasser zugießen, das Bouquet garni zugeben und alles aufkochen. (Statt des Bouquet garni aus getrockneten Kräutern können Sie auch frische Kräuter verwenden. Die kommen aber erst nach 3 Stunden Garzeit in den Fond – sie laugen aus, wenn sie zu lange mitgekocht werden.) Hitze reduzieren und 4–5 Stunden bei milder Hitze leicht kochen lassen. Dabei den Schaum mit den Trübstoffen abschöpfen.

3. Fond durch ein mit einem feuchten Tuch ausgelegtes Sieb in einen Topf gießen (ca. 3 l), damit keine Rückstände in die Sauce gelangen. Fond entfetten und auf die Hälfte einkochen. (Die Sauce lässt sich besser entfetten, wenn Sie den Fond am Vortag ansetzen, durch ein Sieb gießen und über Nacht kalt stellen: Dabei erstarrt das Fett an der Oberfläche und lässt sich gut abheben.) 500 ml Fond abmessen (den Rest einfrieren), auf 250 ml einkochen. Stärke mit wenig kaltem Wasser glatt rühren, die kochende Sauce damit binden. Jetzt erst die Sauce salzen oder die eiskalte Salzbutter mit dem Schneebesen hineinrühren, damit sie nicht zu salzig wird. Dazu passt kurzgebratenes Fleisch, etwa Kalbsfilet mit Mangold

Pro Portion: 2 g E, 2 g F, 2 g KH = 38 kcal (160 kJ)

1.
5.
2.
6.
4.
3.
7.

So veredeln Sie die Kalbssauce

1. Besonders edel ist eine Portweinsauce. Kochen Sie dazu 250 ml roten Portwein sirupartig auf ein Minimum ein (50–60 ml) und verfeinern Sie damit die Kalbsjus. Die Sauce passt hervorragend zur gebratenen Kalbsleber.

2. Sie mögen das Lammfilet gern etwas mediterraner? Dann schneiden Sie doch getrocknete Tomaten oder Oliven in die Sauce.

3. Wer es etwas fruchtiger mag, gibt 2–3 Tl Preiselbeeren in die Sauce.

4. Thymian ist ein Allrounder, auch Rosmarin und Salbei passen hervorragend zur Sauce. Aber auf die Dosierung achten: Zu viel Salbei kann medizinisch schmecken!

5. Guter, richtig alter Aceto balsamico di Modena gibt den geschmorten Kalbsbäckchen italienische Raffinesse.

6. Weihnachtlicher Geschmack gewünscht? Lebkuchengewürz oder Quatre épices sind wunderbar.

7. Durch eingelegte oder frische schwarze Trüffeln wird die Kalbsjus zur Königssauce.

Wie macht man eigentlich …

Fischsauce

GUT ZU WISSEN

Einkaufen: Nehmen Sie nur Fischgräten und Schwänze von weißfleischigen mageren Fischen, z.B. von Zander, Butt, Barsch und Kabeljau. Lachsartige Fische sind zu fett und der Fond könnte etwas tranig schmecken.

Einfrieren: Wenn vom Fischfond etwas übrig bleibt, kann er in 3 Portionen eingefroren werden – so haben Sie immer einen Vorrat zu Hause.

Langsam aufkochen: *Durch die Zugabe von Eiswürfeln löst sich das Eiweiß vom Fisch langsamer und der Fond wird weniger trüb.*

Veredeln: Wie Sie Ihre Fischsauce noch verfeinern können, lesen Sie auf Seite 223.

Koch-schule

So einfach geht es Schritt für Schritt

1. Gemüse andünsten.

2. Fischgräten und Schwänze zugeben.

3. Eiswurfel zugeben.

4. Trübstoffe abschöpfen.

5. Fond durchseihen ...

6. ... und abschäumen.

Rezept siehe Seite 220

Fischsauce

Für 4 Portionen
Zubereitungszeit: 1:30 Stunden

- 1 kg Fischgräten (von weißfleischigen Fischen)
- 250 g Staudensellerie
- 100 g Schalotten
- 200 g Lauch (das Weiße und Hellgrüne)
- 140 g weiße Champignons
- 1 Tomate
- 3 El Öl
- 100 ml trockener Weißwein
- 120 ml Wermut (z. B. Noilly Prat)
- 2–3 Lorbeerblätter
- 4 Stiele Petersilie
- Salz
- 250 ml Schlagsahne
- 1–2 Tl Speisestärke
- 1 Spritzer Zitronensaft
- 20–30 g Butter (kalt)

Außerdem: 500 g Eiswürfel

1. Die Gräten 20 Minuten in kaltem Wasser wässern, damit sie ganz sauber sind. Dabei das Wasser mehrmals wechseln. Gemüse putzen und grob schneiden. Öl im Topf erhitzen, Lauch, Schalotten und Sellerie darin bei mittlerer Hitze andünsten. Das Gemüse soll dabei keine Farbe bekommen, damit der Fond nicht dunkel wird. Soll der Fond einen feinen Anisgeschmack bekommen, geben Sie entweder eine kleine Fenchelknolle oder einen Sternanis dazu. Gräten tropfnass zugeben und alles mit Weißwein und 100 ml Wermut ablöschen. Alles mit 1,5 l kaltem Wasser und 500 g Eiswürfeln auffüllen, damit der Fischfond sehr langsam kocht und auslaugt. Wer keine Eiswürfel hat, nimmt stattdessen 2 l eiskaltes Wasser. Dann das restliche Gemüse, die Kräuter und etwas Salz zugeben, alles langsam aufkochen lassen.

2. Fischfond 1 Minute sprudelnd kochen lassen, Herdplatte ausschalten und den Fond 30–40 Minuten ziehen lassen. Kocht er zu lange, kann er bitter werden. Die aufsteigenden Trübstoffe immer sorgfältig abschöpfen, damit der Fischfond schön klar bleibt. Fond durch ein mit einem feuchten Tuch ausgelegtes Sieb gießen (ergibt 2,5 l) und auf 2 l einkochen lassen. Dabei die aufsteigenden Trübstoffe sorgfältig mit einer Schaumkelle abschöpfen.

3. 500 ml Fond abmessen (den Rest einfrieren), mit der Sahne unter Rühren aufkochen, auf 400 ml einkochen. Stärke mit wenig kaltem Wasser verrühren, Sauce damit leicht binden. Wenn die Sauce noch feiner schmecken soll, kochen Sie sie mit Crème double statt mit Schlagsahne ein. Mit Salz, Zitronensaft und restlichem Wermut würzen. Zuletzt die kalte Butter mit dem Schneidstab einmixen, damit die Sauce schön schaumig wird. Die Sauce passt zu Kurzgebratenem, gekochten und pochierten Fischfilets, etwa Steinbeißer mit Queller.

Pro Portion: 3 g E, 22 g F, 4 g KH = 233 kcal (973 kJ)

CHAMPAGNE
1.
2.
3.
4.
5.
6.
7.

So veredeln Sie die Fischsauce

1. Machen Sie es wie Eckart Witzigmann: zum Schluss die Fischsauce mit einem ordentlichen Schuss Champagner verfeinern. Einen schöneren Begleiter kennt das gebratene Steinbuttfilet nicht.

2. Sie brauchen eine Sauce mit Krustentiergeschmack? Dann mixen Sie 1 Tl Hummerbutter in die Fischsauce.

3. Das perfekte Fischsaucenkraut ist Estragon. Aber achten Sie darauf, dass es französischer Estragon ist. Zur Not tut es auch getrockneter.

4. Sie mögen es ein wenig exotisch? Dann rühren Sie etwas gutes Currypulver ein und runden das Ganze mit Limettensaft ab.

5. Besonders edel: ein paar Safranfäden 3–4 Minuten in der Fischsauce ziehen lassen. Das gibt Farbe und Geschmack.

6. Etwas derber, aber gut zu gebratenem Lachs: eingelegte grüne Pfefferkörner.

7. Und mit grobem oder feinem Senf bekommen Sie die beliebte Senfsauce zum Fisch.

Wie geht eigentlich …

Gemüse einmachen

GUT ZU WISSEN

Das Gemüse: Am sinnvollsten ist es, Gemüse einzuwecken, wenn es wirklich Saison hat, im besten Fall noch heimisch ist, wie z. B. Kürbis, Wachs- und Palbohnen. Auch reif geerntete Tomaten sind aromatischer und günstiger als im Rest des Jahres. Kleine Artischocken haben kurz Saison, die sollte man nutzen.

Die Gläser: Einmachgläser, Deckel und Gummiringe müssen sauber sein: Zum Sterilisieren alles ca. 5 Minuten in kochendes Wasser stellen, danach umgedreht abtropfen lassen.

Kein Einmachtopf? *Dann legt man etwas Zeitungspapier in einen großen Topf und stellt die Gläser darauf, damit sie nicht wackeln.*

Kein Thermometer? Nicht schlimm, dann das Wasser aufkochen und knapp unter dem Siedepunkt garen lassen.

So einfach geht es Schritt für Schritt

1. Tomaten für den Saft pürieren.

2. Püree durch ein Mulltuch gießen.

3. Püree über Nacht abtropfen lassen.

4. Blanchierte Tomaten in Eiswasser abschrecken.

5. Haut von den Tomaten abziehen.

6. Grobes Meersalz über Tomaten und Kräutern verteilen.

7. Saft bis knapp unter den Rand der Gläser einfüllen.

Rezept siehe Seite 226

Gremolata-Tomaten

Für 4 Gläser à 1,5 l Inhalt
Zubereitungszeit: 1 Stunde
Abtropfzeit: über Nacht
Einkochzeit: 30–40 Minuten
Ziehzeit: mindestens 1 Woche

Tomatensaft

3,5–4 kg Strauchtomaten

Einlage

ca. 3 kg Tomaten (je 14 Flaschentomaten und 16 Vierländer Krause)
1 Bund krause Petersilie
2 Bund Basilikum
1 Bund Oregano
2 Bio-Zitronen
8 frische Knoblauchzehen
4–8 Tl grobes Meersalz

1. Für den Tomatensaft die Strauchtomaten waschen, grob schneiden und portionsweise im Mixer mit insgesamt 250 ml Wasser fein pürieren. In einen mit einem Mulltuch ausgelegten großen Siebeinsatz füllen. Mulltuch fest zusammendrehen und am besten über Nacht an einem kühlen Ort über einem Metalleimer aufhängen, damit der klare Saft abtropfen kann. Am nächsten Tag die Tomatenreste im Tuch noch einmal mit den Händen gut ausdrücken. Dadurch wird der Saft zwar etwas trüber, aber die Saftausbeute ist höher. Es sollen ca. 2,5 l Tomatensaft entstehen.

2. Flaschen- und Vierländer Tomaten portionsweise in kochendem Wasser blanchieren, in Eiswasser abschrecken, abtropfen lassen und häuten. Petersilien-, Basilikum und Oreganoblätter nur grob von den Stielen zupfen. Zitrone waschen und abtrocknen, Schale in 8 langen Streifen dünn abschälen. Knoblauchzehen grob andrücken.

3. Tomaten nach Sorten mit Kräutern, je 2 Streifen Zitronenschale und je 2 Knoblauchzehen dicht an dicht in saubere Gläser schichten, ohne die Tomaten zu zerquetschen. Je 1–2 Tl Salz in jedem Glas verteilen. Den Tomatensaft bis knapp unter den Rand einfüllen. Deckel mit Gummiringen daraufsetzen und die Gläser verschließen.

4. Die Gläser in einen Einmachtopf stellen und bis knapp zu den Deckelrändern Wasser einfüllen. Tomaten 30–40 Minuten zugedeckt bei 90 Grad einkochen. Gläser aus dem Wasser nehmen und auf einem Gitter vollständig abkühlen lassen. Die Tomaten wegen des Geschmacks mindestens 1 Woche in den Gläsern ziehen lassen. Verschlossen, kühl und dunkel aufbewahrt halten sie mindestens 1 bis mehrere Jahre.

Tipp Die Tomaten schmecken als Antipasti oder in Salaten. Der Saft ist eine gute Basis für Vinaigrettes, Tomatensauce, Brühe und Bloody Mary.

Pro Glas: 11 g E, 2 g F, 31 g KH = 210 kcal (800 kJ)

Gurken +
Ingwer + Pfeffer

Ingwer-Pfeffer-Gurken

Für 3 Gläser à 750 ml Inhalt
Zubereitungszeit: 30 Minuten
Einkochzeit: 40 Minuten
Ziehzeit: mindestens 1 Woche

- ca. 1 kg kleine Einlegegurken
- 12 kleine Perlzwiebeln oder Schalotten
- 60 g frischer Ingwer
- 3 Dillblüten
- 3 Chilischoten
- 3 Rispen eingelegter grüner Pfeffer
- 100 g Zucker
- 25 g Salz
- 1 El gelbe Senfsaat
- 200 ml Weißweinessig

1. Gurken in kaltem Wasser mit einer Gemüsebürste sorgfältig abbürsten. Perlzwiebeln pellen. Ingwer schälen und in Scheiben schneiden. Dillblüten von den dicken Stielen trennen. Gurken, Zwiebeln, Dillblüten, Chili und Pfefferrispen dicht aneinander in saubere Gläser verteilen, die Gurken dabei aufrecht stellen.

2. Zucker, Salz, Senfsaat, Essig und ca. 500 ml Wasser aufkochen. Sud in die Gläser bis knapp unter den Rand füllen. Deckel mit Gummiringen daraufsetzen und verschließen.

3. Gläser in einen Einkochtopf (oder einen großen Topf mit Zeitungspapier auf dem Topfboden) stellen und Wasser bis knapp zu den Glasdeckelrändern einfüllen. Wasser auf 90 Grad erhitzen, und die Gurken zugedeckt 40 Minuten bei 90 Grad einkochen.

4. Gläser herausnehmen und vollständig abkühlen lassen. Gurken mindestens 1 Woche im verschlossenen Glas ziehen lassen. Verschlossen, kühl und dunkel gelagert halten die Gurken 1 bis mehrere Jahre. Allerdings verändert sich nach ca. 3 Monaten die Farbe der Gurken, nicht aber der Geschmack.

Pro Glas: 2 g E, 0 g F, 23 g KH = 114 kcal (475 kJ)

Wie geht eigentlich …

Obst einmachen

GUT ZU WISSEN

Bei den Früchten sind solche geeignet, die festes Fruchtfleisch haben: Steinobst wie Pflaumen, Zwetschgen, Aprikosen, Pfirsiche, Kirschen und Mirabellen, aber auch Birnen und Äpfel. Beeren eignen sich weniger.

Sud oder Sirup können ihren Geschmack durch das Einkochen intensivieren. Deshalb z. B. Schärfe vorsichtig dosieren.

Die Farbe von Früchten *kann sich verändern, weil relativ wenig konservierender Zucker verwendet wird. Licht beeinflusst ebenso. Deshalb etwas Zitronensaft oder -säure zugeben und am besten im Dunkeln lagern.*

Wichtig: Regelmäßig prüfen, ob die Gläser noch geschlossen sind – Inhalt von offenen Gläsern entsorgen!

Koch-schule

So einfach geht es Schritt für Schritt

1. Aprikosen kurz blanchieren.

2. Früchte in Eiswasser abschrecken.

3. Aprikosen mit einem Schälmesser sorgfältig häuten.

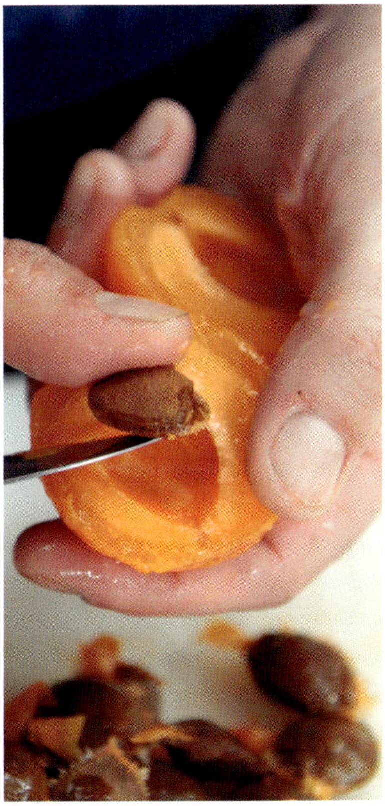

4. Früchte halbieren und entsteinen.

5. Orangen- und Zitronenschalen in den Gläsern verteilen.

6. Zitrussud bis zum Rand über die Früchte gießen.

7. Gläser auf den Rost des Einmachtopfs stellen.

Rezept siehe Seite 232

Aprikosen mit Orangenlikör und Zimtblüten

Für 4 Gläser à 500 ml Inhalt
Zubereitungszeit: 45 Minuten
Einkochzeit: 30 Minuten

20 nicht zu reife Aprikosen (à 60–80 g)
1 Bio-Orange
2 Bio-Zitronen
8 Zimtblüten (ersatzweise 4 ganz kleine Stücke Zimtstange)
250 g Zucker
4 El Orangenlikör

1. Aprikosen über Kreuz einritzen, in kochendem Wasser 30 Sekunden blanchieren, in Eiswasser abschrecken, Haut abziehen. Früchte halbieren, entsteinen, in saubere Gläser schichten.

2. Orange und Zitronen waschen, abtrocknen und die Schale dünn abschälen. Insgesamt 100 ml Saft auspressen. Saft mit Zimtblüten, Zucker und 750 ml Wasser aufkochen, vom Herd nehmen und mit Likör würzen.

3. Schalen in den Gläsern verteilen und mit Sud bis knapp unter den Rand aufgießen. Deckel mit Gummiringen daraufsetzen, mit Klammern verschließen.

4. Gläser in einen Einkochtopf mit Wasser setzen. Bei 90 Grad zugedeckt 30 Minuten einmachen. Gläser herausnehmen, vollständig abkühlen lassen. Die Klammern entfernen und prüfen, ob die Deckel dicht und verschlossen sind. Ungeöffnet, kühl und dunkel gelagert halten die Aprikosen mehrere Jahre.

Pro Glas: 3 g E, 0 g F, 90 g KH = 405 kcal (1692 kJ)

Aprikosen

Wie macht man eigentlich …

Register

T

V

W

Z

Impressum

Emil-Hoffmann-Straße 1
D-50996 Köln

Titel Vorderseite: Foto: Wolfgang Schardt; Foodstyling: Michael Wolken; Styling: Maria Grossmann
Titel Rückseite: Fotos: Matthias Haupt (5), Thorsten Suedfels(1); Foodstyling: Achim Ellmer (2), Jürgen Büngener (1), Michael Wolken (4); Styling: Isabel de la Fuente (2), Katrin Heinatz (1), Meike Stüber (3)
Fotografen: Matthias Haupt: 8, 9, 11, 12, 15, 16, 18, 19, 21, 22, 25, 26, 28, 29, 31, 32, 35, 41, 42, 45, 56, 57, 59, 60, 63, 64, 65, 67, 68, 71, 74, 75, 77, 81, 82, 83, 85, 86, 89, 106, 107, 109, 110, 113, 122, 123, 125, 126, 129, 130, 131, 133, 134, 137, 138, 139, 141, 142, 145, 147, 168, 169, 172, 174, 175, 177, 178, 181, 182, 184, 185, 187, 188, 191, 192, 193, 195, 196, 199, 200, 224, 225, 227, 228, 230, 231, 233; Julia Hoersch: 5, 46, 153, 154; Ulrike Holsten: 36, 51, 164, 167, 171, 240; Thomas Neckermann: 156, 157, 159, 160, 163; Maryam Schindler: 98, 99, 101, 102, 105; Thorsten Suedfels: 4, 38, 39, 72, 78, 90, 91, 93, 94, 97, 203, 204, 205, 207, 208, 211; Ali Salehi Yavani: 6, 48, 49, 52, 55, 114, 115, 117, 118, 121, 146, 147, 149, 150, 212, 213, 215, 216, 218, 219, 221, 222
Foodstyling: Jürgen Büngener: 4, 6, 114, 115, 117, 118, 121, 164, 167, 203; Achim Ellmer: 8, 9, 11, 12, 15, 16, 18, 19, 21, 22, 25, 26, 28, 29, 31, 32, 35, 36, 51, 122, 123, 125, 126, 129, 164, 168, 169, 171, 172, 174, 175, 177, 178, 181, 182, 192, 193, 195, 196, 199, 200, 212, 213, 215, 216, 218, 219, 221, 222, 224, 225, 227, 228, 230, 231, 233; Hege Marie Köster: 138, 139, 141, 142, 145, 147, 204, 205, 207, 208, 211; Marion Heidegger: 41; Kay- Henner Menge: 5, 64, 65, 67, 68, 71, 74, 75, 77, 81, 98, 99, 101, 102, 105, 156, 157, 159, 160, 163; Marcel Stut: 38, 39, 42, 45, 48, 49, 52, 55, 56, 57, 59, 60, 63, 78, 90, 91, 93, 94, 97, 130, 131, 133, 134, 137, 146, 147, 149, 150, 153, 154, 184, 185, 187, 188, 191, 240; Michael Wolken: 46, 72, 82, 83, 85, 86, 89, 106, 107, 109, 110, 113, 164, 171, 203
Styling: Hanna Charlotte Erhorn: 90, 91, 93, 94, 97; Isabel de la Fuente: 6, 56, 57, 59, 60, 63, 64, 65, 67, 68, 71, 114, 115, 117, 118, 121, 174, 175, 177, 178, 181, 182, 192, 193, 195, 196, 199, 200, 212, 213, 215, 216, 218, 219, 221, 222, 240; Meike Graf: 41, 74, 75, 77, 81, 122, 123, 125, 126, 129, 138, 139, 141, 142, 145, 156, 157, 159, 160, 163; Katja Graumann: 153, 154; Katrin Heinatz: 5, 36, 46, 51, 72, 78, 164, 167, 203, 224, 225, 227, 228, 230, 231, 233; Anka Rehbock: 147; Dörthe Schenk: 8, 9, 11, 12, 15, 16, 18, 19, 21, 22, 25, 26, 28, 29, 31, 32, 35, 38, 39, 42, 45, 48, 49, 52, 55, 82, 83, 85, 86, 89, 130, 131, 133, 134, 137, 171, 184, 185, 187, 188, 191, 204, 205, 207, 208, 211; Meike Stüber: 98, 99, 101, 102, 105, 106, 107, 109, 110, 113, 146, 147, 149, 150, 168, 169, 172; Krisztina Zombori: 4
Layout und Umschlagentwurf: Wagner Rexin Gestaltung, Stutensee
Umschlagfertigstellung: nimatypografik, Buchholz i.d. Nordheide
Satz: mcp concept GmbH, Kolbermoor
Projektleitung: Svenja K. Sammet
Projektteam »essen & trinken«: Inken Baberg, José Blanco, Dr. Gerd Brüne, Monique Dressel, Elisabeth Herzel, Franziska Schade, Jan Spielhagen, Arabelle Stieg, Melanie Trieloff
Gesamtherstellung: Fackelträger Verlag GmbH, Köln

ISBN 978-3-7716-4675-2
Printed in Poland

www.fackeltraeger-verlag.de